나의 첫 영어 필사
셜록 홈즈

Sir Arthur Conan Doyle

The Adventures of
Sherlock Holmes

다락원

나의 첫 영어 필사
셜록 홈즈

지은이 Sir Arthur Conan Doyle
각색 Louise Benette, David Hwang
펴낸이 정규도
펴낸곳 ㈜다락원

초판 1쇄 발행 2022년 6월 30일
3쇄 발행 2024년 7월 8일

편집 오순정, 김현정, 정계영
디자인 김나경, 이승현

다락원 경기도 파주시 문발로 211
내용 문의 (02)736-2031 (내선 328)
구입 문의 (02)736-2031 (내선 250~252)
FAX (02)732-2037
출판등록 1977년 9월 16일 제406-2008-000007호

Copyright 2022 DARAKWON

ISBN 978-89-277-0161-3 13740

www.darakwon.co.kr
다락원 홈페이지를 방문하시면 상세한 출판 정보와 함께 동영상 강좌,
MP3 자료 등 다양한 어학 정보를 얻으실 수 있습니다.

나의 첫 영어 필사

셜록 홈즈

얼룩 끈의 비밀

The Adventure of the Speckled Band

보헤미아 스캔들

A Scandal in Bohemia

나의 첫 영어 필사

셜록 홈즈
The Adventures of Sherlock Holmes

1 첫 영어 필사니까 쉽고 재미있게

이 책에는 셜록 홈즈가 등장하는 단편 중에서 작가 아서 코난 도일이 아꼈던
〈얼룩 끈의 비밀 The Adventure of the Speckled Band〉과 셜록 홈즈의 맞수 아
이린 애들러가 등장하는 〈보헤미아 스캔들 A Scandal in Bohemia〉을 수록했습
니다. 두 편 모두 읽다 보면 다음 내용이 궁금해지는 명작 추리 소설입니다.
원어민 전문 필진이 쉬운 영어로 리라이팅하여 내용을 파악하기 쉽고, 일상에
서 쓰는 영어라서 활용하기에도 좋습니다. 자신 있게 시작해보세요.

2 첫 영어 필사니까 영어 공부가 되도록

이 책은 29일 동안 셜록 홈즈 단편 2개를 읽고 필사하도록 구성했습니다. 29
일 동안 매일 일정 분량을 읽으면서 내용을 이해하고, 필사하면서 문장 구조
와 단어의 활용을 확실히 파악한 후, 영작하면서 학습한 문장을 응용할 수 있
습니다.
단순히 베껴 쓰기만 하는 필사에 그치지 않도록 필사 앞뒤에 내용 이해 단계와
응용 단계를 넣었습니다. 하루에 시간을 정해 놓고 차분하게 공부해보세요. 어
느새 영어가 낯설지 않고 가까운 느낌이 들 것입니다.

3 첫 영어 필사니까 끝까지 할 수 있도록

29일 동안 공부하는 것에 자신이 없으신가요? 여러분의 일상에 영어 공부가
자리잡을 수 있도록 스케줄러(10쪽)를 준비했습니다. 영어 공부에 있어서 습
관의 중요성은 말할 필요가 없겠죠? 매일 공부하고 직접 스케줄러에 체크하
면서 성취감을 느껴보세요.

이 책의 구성

STEP 1 ▶ **Reading** 읽기

1
Reading을 시작하기 전에 QR코드로 음성 재생을 준비하세요.

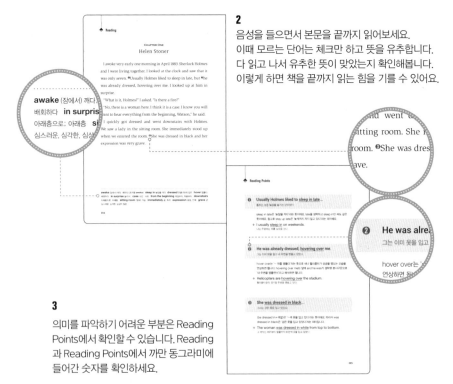

2
음성을 들으면서 본문을 끝까지 읽어보세요.
이때 모르는 단어는 체크만 하고 뜻을 유추합니다.
다 읽고 나서 유추한 뜻이 맞았는지 확인해봅니다.
이렇게 하면 책을 끝까지 읽는 힘을 기를 수 있어요.

3
의미를 파악하기 어려운 부분은 Reading Points에서 확인할 수 있습니다. Reading 과 Reading Points에서 까만 동그라미에 들어간 숫자를 확인하세요.

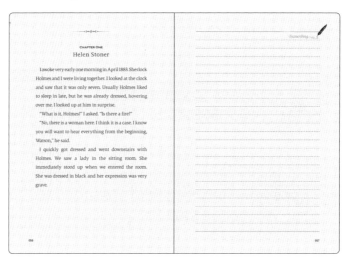

1 Reading에서 읽은 텍스트를 직접 써보세요.

2 이때 기계적으로 쓰지 않도록 합니다.
Reading에서 이해한 내용, 문장 구조, 어휘의 용법을 생각하면서 차근차근 써보세요.

3 차분한 마음으로 내용을 생각하며 쓰다 보면 필사는 영어와 친해지는 좋은 습관이 될 수 있습니다.

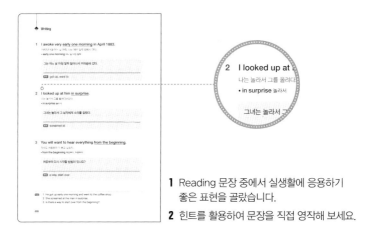

1 Reading 문장 중에서 실생활에 응용하기 좋은 표현을 골랐습니다.

2 힌트를 활용하여 문장을 직접 영작해 보세요.

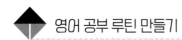

영어 공부 루틴 만들기

매일 공부할 시간을 확보해주세요.
30분이면 충분합니다.

이 책의 10쪽에 있는 스케줄러에 체크하며 영어 공부를
여러분의 일상 속 습관으로 만들어보세요.

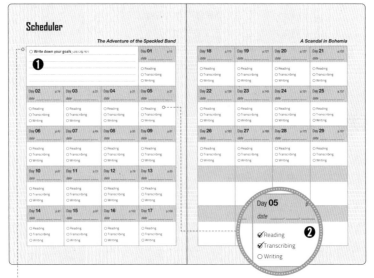

❶ 이 책을 어떻게 학습할지 여러분의 다짐을 적어보세요.

❷ 매일 날짜를 적고, 공부한 곳에 체크하면서 스케줄러를 채워보세요.
영어 공부 습관을 만들고 성취감을 느낄 수 있습니다.

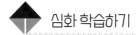 심화 학습하기

 QR코드로 제공하는 음성을 활용하여 Reading 텍스트를 섀도잉해보세요. '섀도잉'은 음성이 나오는 동안 반 박자 뒤에서 따라 읽는 학습 방법입니다. 영어 발음과 리듬감을 익히는 데 큰 도움이 됩니다.

 QR코드로 제공하는 음성을 듣고 Reading 본문을 받아쓰기해 보세요. 정확하게 받아 적기 위해 문장의 요소 하나하나에 신경을 쓰게 되므로 듣기 실력뿐 아니라 문장 구조 이해력과 문법 실력까지 향상할 수 있습니다.

 해석을 보면서 Reading 본문을 영작해보세요. 읽을 때 잘 안다고 생각한 문장도, 막상 영작해 보면 바로 떠오르지 않을 수 있습니다. 내가 말하거나 쓸 수 있는 문장은 확실히 내 것이 됩니다.

 영어 전문가의 온라인 강의와 함께하면 더욱 좋아요. www.darakwon.co.kr에서 **최수진 선생님의 해설 강의**를 확인하세요!

Scheduler

The Adventure of the Speckled Band

○ **Write down your goals**_ 나의 다짐 적기

....
....
....
....
....

Day 01   p.13

date _____. _____. _____

○ Reading
○ Transcribing
○ Writing

Day 02   p.19

date _____. _____. _____

○ Reading
○ Transcribing
○ Writing

Day 03   p.25

date _____. _____. _____

○ Reading
○ Transcribing
○ Writing

Day 04   p.31

date _____. _____. _____

○ Reading
○ Transcribing
○ Writing

Day 05   p.37

date _____. _____. _____

○ Reading
○ Transcribing
○ Writing

Day 06   p.43

date _____. _____. _____

○ Reading
○ Transcribing
○ Writing

Day 07   p.49

date _____. _____. _____

○ Reading
○ Transcribing
○ Writing

Day 08   p.55

date _____. _____. _____

○ Reading
○ Transcribing
○ Writing

Day 09   p.61

date _____. _____. _____

○ Reading
○ Transcribing
○ Writing

Day 10   p.67

date _____. _____. _____

○ Reading
○ Transcribing
○ Writing

Day 11   p.73

date _____. _____. _____

○ Reading
○ Transcribing
○ Writing

Day 12   p.79

date _____. _____. _____

○ Reading
○ Transcribing
○ Writing

Day 13   p.85

date _____. _____. _____

○ Reading
○ Transcribing
○ Writing

Day 14   p.91

date _____. _____. _____

○ Reading
○ Transcribing
○ Writing

Day 15   p.97

date _____. _____. _____

○ Reading
○ Transcribing
○ Writing

Day 16   p.103

date _____. _____. _____

○ Reading
○ Transcribing
○ Writing

Day 17   p.109

date _____. _____. _____

○ Reading
○ Transcribing
○ Writing

듣기, 읽기, 말하기 실력 향상!
명작별 상세한 해설 강의

빨간 머리 앤　**31 days**

QR코드 스캔하고 챕터 강의 듣기!

작은 아씨들　**34 days**

QR코드 스캔하고 챕터 강의 듣기!

셜록 홈즈　**29 days**

QR코드 스캔하고 챕터 강의 듣기!

<얼룩 끈의 비밀>, <보헤미안 스캔들> 수록

하루 30분, 한 달이면 명작 한 권
이렇게 공부하세

2분

하
책
내용

강의로 자세한 설명을 듣고
내용을 완벽하게
이해하세요.

8분

배운 내용
책 본문을

책에 나온 영작 문제를 풀고
MP3를 들으며 복습까지
완벽하게 끝내세요!

▼ 하기

Day **18** p.115	Day **19** p.121	Day **20** p.127	Day **21** p.133
date ___. ___. ___	*date* ___. ___. ___	*date* ___. ___. ___	*date* ___. ___. ___
○ Reading ○ Transcribing ○ Writing	○ Reading ○ Transcribing ○ Writing	○ Reading ○ Transcribing ○ Writing	○ Reading ○ Transcribing ○ Writing
Day **22** p.139	Day **23** p.145	Day **24** p.151	Day **25** p.157
date ___. ___. ___	*date* ___. ___. ___	*date* ___. ___. ___	*date* ___. ___. ___
○ Reading ○ Transcribing ○ Writing	○ Reading ○ Transcribing ○ Writing	○ Reading ○ Transcribing ○ Writing	○ Reading ○ Transcribing ○ Writing
Day **26** p.163	Day **27** p.169	Day **28** p.175	Day **29** p.181
date ___. ___. ___	*date* ___. ___. ___	*date* ___. ___. ___	*date* ___. ___. ___
○ Reading ○ Transcribing ○ Writing	○ Reading ○ Transcribing ○ Writing	○ Reading ○ Transcribing ○ Writing	○ Reading ○ Transcribing ○ Writing

The Adventures
of the Speckled Band

QR 코드로
음성을 들어보세요!

Chapter One

Helen Stoner

I awoke very early one morning in April 1883. Sherlock Holmes and I were living together. I looked at the clock and saw that it was only seven. ❶Usually Holmes liked to sleep in late, but ❷he was already dressed, hovering over me. I looked up at him in surprise.

"What is it, Holmes?" I asked. "Is there a fire?"

"No, there is a woman here. I think it is a case. I know you will want to hear everything from the beginning, Watson," he said.

I quickly got dressed and went downstairs with Holmes. We saw a lady in the sitting room. She immediately stood up when we entered the room. ❸She was dressed in black and her expression was very grave.

---

awake (잠에서) 깨다; 깨우다 (과거형 awoke) **sleep in** 늦잠을 자다 **dressed** 옷을 (차려) 입은 **hover** 맴돌다, 배회하다 **in surprise** 놀라서 **case** 사건; 사례 **from the beginning** 애초부터, 처음부터 **downstairs** 아래층으로; 아래층 **sitting room** (영국) 거실 **immediately** 곧, 즉각 **expression** 표정, 안색 **grave** 근심스러운, 심각한, 심상치 않은

❶ Usually Holmes liked to <u>sleep in late</u>...

홈즈는 보통 늦잠을 즐기는 편이었다.

sleep in late은 '늦잠을 자다'라는 뜻이에요. late을 생략하고 sleep in만 써도 같은
뜻이에요. 참고로 stay up late은 '늦게까지 자지 않고 있다'라는 의미예요.

✚ I usually <u>sleep in</u> on weekends.

나는 주말에는 보통 늦잠을 잔다.

❷ He was already dressed, <u>hovering over</u> me.

그는 이미 옷을 입고 내 주변을 맴돌고 있었다.

hover over는 '~ 위를 맴돌다'라는 뜻으로 새나 헬리콥터가 상공을 맴도는 모습을
연상하면 됩니다. hovering over me는 앞에 and he was가 생략된 분사구문으로
'내 주변을 맴돌면서'라고 해석하면 됩니다.

✚ Helicopters are <u>hovering over</u> the stadium.

헬리콥터들이 경기장 주변을 맴돌고 있다.

❸ She <u>was dressed in black</u>...

그녀는 검은 옷을 입고 있었다.

〈be dressed in+색깔〉은 '~색 옷을 입고 있다'라는 뜻이에요. 따라서 was
dressed in black은 '검은 옷을 입고 있었다'라는 의미입니다.

✚ The woman <u>was dressed in white</u> from top to bottom.

그 여자는 머리부터 발끝까지 하얀색 옷을 입고 있었다.

CHAPTER ONE

Helen Stoner

I awoke very early one morning in April 1883. Sherlock Holmes and I were living together. I looked at the clock and saw that it was only seven. Usually Holmes liked to sleep in late, but he was already dressed, hovering over me. I looked up at him in surprise.

"What is it, Holmes?" I asked. "Is there a fire?"

"No, there is a woman here. I think it is a case. I know you will want to hear everything from the beginning, Watson," he said.

I quickly got dressed and went downstairs with Holmes. We saw a lady in the sitting room. She immediately stood up when we entered the room. She was dressed in black and her expression was very grave.

◆ Writing

1 I awoke very <u>early one morning</u> in April 1883.

1883년 4월 어느 날 아침, 나는 매우 일찍 잠에서 깼다.

• early one morning 어느 날 아침 일찍

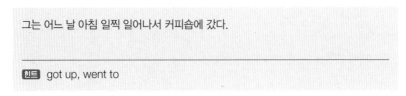

그는 어느 날 아침 일찍 일어나서 커피숍에 갔다.

＿＿＿＿＿＿＿＿＿＿＿＿＿＿＿＿＿＿＿＿＿＿

힌트 got up, went to

2 I looked up at him <u>in surprise</u>.

나는 놀라서 그를 올려다보았다.

• in surprise 놀라서

그녀는 놀라서 그 남자에게 소리를 질렀다.

＿＿＿＿＿＿＿＿＿＿＿＿＿＿＿＿＿＿＿＿＿＿

힌트 screamed at

3 You will want to hear everything <u>from the beginning</u>.

자네도 처음부터 다 듣고 싶겠지.

• from the beginning 애초부터, 처음부터

처음부터 다시 시작할 방법이 있나요?

＿＿＿＿＿＿＿＿＿＿＿＿＿＿＿＿＿＿＿＿＿＿

힌트 a way, start over

．．

정답　1 He got up early one morning and went to the coffee shop.
　　　2 She screamed at the man in surprise.
　　　3 Is there a way to start over from the beginning?

DAY
02

QR 코드로
음성을 들어보세요!

"Good morning! I am Sherlock Holmes and this is Dr. Watson. He is my dear friend and associate," Holmes said. "We would like to hear everything."

We all sat down.

"I am Helen Stoner. I am living with my stepfather, Dr. Grimesby Roylott," she explained. "❶The Roylotts have lived at Stoke Moran for centuries, but ❷now my stepfather is the last living Roylott. The family was once very wealthy."

Holmes nodded. "I know the name," said he.

Miss Stoner went on. "However, because of a long line of terrible men, the family fortune is all gone. There is only the little land and the two-hundred-year old house left. My stepfather knew that there was no money for him to live on. So he studied to become a doctor and then went to India. ❸When my mother met Dr. Roylott there, my father had only been dead for one year. Julia, my twin-sister, and I were only two years old at that time."

---

dear 친애하는, 절친한 **associate** 동료, 친구 **would like to** ~하고 싶다 **stepfather** 의붓아버지, 계부 **explain** 설명하다, 해명하다 **for centuries** 수백 년 동안 (**century** 1세기, 100년) **last** 마지막 남은, 최후의 **wealthy** 부유한 **nod** (머리를) 끄덕이다 **go on** 계속하다; 나아가다 (과거형 **went**) **line** 혈통, 가계 **terrible** 끔찍한, 형편없는 **fortune** 재산, 부 **live on** ~으로 먹고 살다 **left** 남은, 남겨진 **twin-sister** 쌍둥이 자매

❶ The Roylotts have lived at Stoke Moran for centuries...

로일롯 가문은 스토크 모란에서 몇백 년 동안 살아 왔어요.

The Roylotts처럼 이름의 성 뒤에 -s를 붙이고 앞에 the를 붙이면 '~ 가문 (사람들), ~ 집안'이라는 의미가 돼요.

➕ **The Smiths are nice people.**

스미스 가족은 좋은 사람들이다.

❷ Now my stepfather is the last living Roylott.

지금은 저희 새아버지가 로일롯 가문의 살아 있는 마지막 후손이에요.

the last living Roylott을 직역하면 '마지막으로 살아 있는 로일롯'인데, 이는 다시 말해 '로일롯 가문의 살아 있는 마지막 후손'이라는 뜻입니다.

➕ **He's the last living descendant of Joseon Dynasty.**

그는 조선 왕조의 살아 있는 마지막 후손이다.

❸ When my mother met Dr. Roylott there, my father had only been dead for one year.

우리 어머니가 거기서 로일롯 박사를 만난 것은 친아버지가 돌아가신 지 겨우 1년이 되었을 무렵이었어요.

'과거완료'라고 불리는 〈had+과거분사〉는 과거보다 더 앞선 사건을 묘사할 때 사용해요. 어머니가 로일롯 박사를 만난 사건이 과거이고, 그보다 앞서 친아버지가 돌아가셨기 때문에 had been을 쓴 거예요.

➕ **When we met for the first time, I had been in the States for one year.**

우리가 처음 만난 건 내가 미국에 온 지 1년이 됐을 때였다.

"Good morning! I am Sherlock Holmes and this is Dr. Watson. He is my dear friend and associate," Holmes said. "We would like to hear everything."

We all sat down.

"I am Helen Stoner. I am living with my stepfather, Dr. Grimesby Roylott," she explained. "The Roylotts have lived at Stoke Moran for centuries, but now my stepfather is the last living Roylott. The family was once very wealthy."

Holmes nodded. "I know the name," said he.

Miss Stoner went on. "However, because of a long line of terrible men, the family fortune is all gone. There is only the little land and the two-hundred-year old house left. My stepfather knew that there was no money for him to live on. So he studied to become a doctor and then went to India. When my mother met Dr. Roylott there, my father had only been dead for one year. Julia, my twin-sister, and I were only two years old at that time."

1 Miss Stoner <u>went on</u>.

스토너 양은 계속 말을 이었다.

• **go on** 계속하다; 나아가다

> 스테이시는 호텔 요리의 우수성에 대해 계속 말을 이어 나갔다.
>
> _____
>
> 힌트 the excellence of the hotel cuisine

2 The family fortune is <u>all gone</u>.

가문의 재산을 모두 날려 버렸죠.

• **all gone** 모두 사라진[없어진]

> 네가 꾸물거리면 음식이 모두 없어질 거야.
>
> _____
>
> 힌트 will, if you drag your feet

3 There was no money for him to <u>live on</u>.

새 아버지는 살아갈 돈이 없었어요.

• **live on** ~으로 먹고 살다

> 그녀는 불경기 때문에 먹고 살 일자리를 찾을 수가 없다.
>
> _____
>
> 힌트 find a job, the recession

....

정답 1 Stacey went on about the excellence of the hotel cuisine.

2 The food will be all gone if you drag your feet.

3 She cannot find a job to live on because of the recession.

DAY
03

QR 코드로
음성을 들어보세요!

"Your mother had some money, perhaps?" asked Sherlock Holmes.

"Oh, yes. She had about one thousand pounds per year. My mother changed her will when they married. She left all her money to him, but ❶she did say in her will that he must take care of Julia and me."

"We eventually returned to England but our mother died soon after. We all went to live at Stoke Moran. We had enough money but Roylott changed after our mother died. She was killed in a railway accident eight years ago. He is surly and fights with anyone in our neighborhood. Everyone is scared of him because he is strong and crazy. ❷The only people he talks to are some gypsies who live on his land. He keeps some wild animals, too. ❸There is a cheetah and a baboon, which he brought back from India. They run freely around the place."

---

pound 파운드 (영국의 화폐 단위) **will** 유언장, 유언 **take care of** ~을 돌보다, 보살피다 **eventually** 결국, 드디어, 마침내 **soon after** 얼마 안 되어, 곧 **railway** 철도, 철로 **accident** 사고, 재해 **surly** 성질이 못된, 퉁명스러운 **neighborhood** 근처, 인근, 이웃 **be scared of** ~에 겁먹다, 두려워하다 **gypsy** 집시 **cheetah** 치타 **baboon** 비비, 개코원숭이 **bring back** 가지고 돌아오다; 되돌리다

❶ She <u>did say</u> in her will that he must take care of Julia and me.

어머니는 새아버지가 줄리아 언니와 저를 돌봐야 한다고 유언장에 밝히셨어요.

〈do/does/did＋동사원형〉은 동사를 강조하기 위해 사용합니다. She said 대신 She did say라고 말함으로써 어머니가 유언장에 한 얘기를 강조하고 있어요.

✚ He <u>did have</u> a reputation for being honest.
그는 정직한 것으로 유명했다.

❷ <u>The only people he talks to</u> are <u>some gypsies who live on his land</u>.

그가 얘기를 나누는 사람은 자기 영지에 사는 몇몇 집시들뿐이에요.

people 뒤에 관계대명사 that/whom이 생략돼 있어요. 원래는 The only people <u>that/whom</u> he talks to이고, 이는 '그가 얘기를 나누는 유일한 사람들'이라는 뜻이에요. gypsies 뒤에 있는 who도 관계대명사로 some gypsies <u>who</u> live on his land는 '그의 영지에 사는 몇몇 집시들'이라는 뜻이에요.

✚ <u>The woman (that) you talked to</u> is a famous singer.
너하고 얘기를 나눈 그 여자는 유명한 가수야.

❸ There is a cheetah and a baboon, <u>which</u> he brought back from India.

치타와 비비가 있는데, 그가 인도에서 돌아올 때 데려온 거예요.

이 문장은 There is a cheetah and a baboon.과 He brought <u>them</u> back from India.라는 두 문장을 합친 형태입니다. 공통의 내용인 them 대신 관계대명사 which를 써서 한 문장으로 만들었어요.

✚ There is a beauty salon just around the corner, <u>which</u> my friend recommended.
길모퉁이를 지나면 바로 미용실이 있는데, 거기는 내 친구가 소개해 준 곳이다.

"Your mother had some money, perhaps?" asked Sherlock Holmes.

"Oh, yes. She had about one thousand pounds per year. My mother changed her will when they married. She left all her money to him, but she did say in her will that he must take care of Julia and me."

"We eventually returned to England but our mother died soon after. We all went to live at Stoke Moran. We had enough money but Roylott changed after our mother died. She was killed in a railway accident eight years ago. He is surly and fights with anyone in our neighborhood. Everyone is scared of him because he is strong and crazy. The only people he talks to are some gypsies who live on his land. He keeps some wild animals, too. There is a cheetah and a baboon, which he brought back from India. They run freely around the place."

1 Our mother died <u>soon after</u>.

얼마 안 되어 어머니는 돌아가셨어요.

• **soon after** 얼마 안 되어, 곧

곧 그녀는 자기가 한 말을 후회했다.

_____

힌트 regretted her words

2 Everyone <u>is scared of</u> him.

모두 그를 두려워하죠.

• **be scared of** ~을 두려워하다

그 여자아이는 혼자 밖에 나가는 것을 두려워한다.

_____

힌트 going outside alone

3 He <u>keeps</u> some wild animals.

그는 야생 동물을 몇 마리 키워요.

• **keep** (동물을) 기르다

나는 토끼를 애완동물로 키우고 싶다.

_____

힌트 a rabbit, as a pet

....

정답 1 She regretted her words soon after.
2 The girl is scared of going outside alone.
3 I want to keep a rabbit as a pet.

DAY

04

QR 코드로
음성을 들어보세요!

"❶You can imagine from what I say that my sister and I had a hard time. Because everyone is afraid of my stepfather, ❷no one will work for us. We have to do everything. Sadly, Julia has already died. She was only thirty at the time of her death, but her hair was already going gray. My hair is becoming gray too."

"Your sister is dead, then?"

"She died two years ago. This is why I have come to see you. We very rarely left Stoke Moran but we sometimes visited our aunt. On one of those visits, Julia met a man. She fell in love and they were planning to get married. Our stepfather never verbally opposed the wedding but in about ten days, Julia was dead."

❸Holmes had been leaning back in his chair, quietly with his eyes closed as she told her story. He now sat up quickly and said, "Tell us every tiny detail."

---

have a hard time 힘든 시간을 겪다 (과거형 had) **go gray** 반백이 되다 (gray 반백의) **rarely** 드물게, 좀처럼 ~ 하지 않는 **fall in love** 사랑에 빠지다 (과거형 fell) **get married** 결혼하다 **verbally** 말로, 구두로 **oppose** 반대하다, 이의를 제기하다 **wedding** 결혼식 **lean back** 뒤로 기대다, 뒤로 젖히다 **sit up** 일어나 앉다, 똑바로 앉 다 (과거형 sat) **tiny** 작은, 조그마한 **detail** 사소한 일, 상세한 설명

❶ You can imagine from what I say that my sister and I had a hard time.

제 얘기를 통해 저희 자매가 힘들게 지냈다는 걸 짐작하실 수 있을 거예요.

what I way는 '내가 한 말'이라는 뜻이므로 from what I say는 '내가 한 말로부터', '내 얘기를 통해'라는 의미예요. what I say는 명사로 취급하므로 from 같은 전치사 뒤에 올 수도 있고, 문장의 주어로도 쓸 수 있어요.

✛ **You can guess from what I say that he tried to do his best.**
제 얘기를 통해 그가 최선을 다하려고 노력했다는 걸 짐작할 수 있을 거예요.

❷ No one will work for us.

아무도 우리를 위해 일해 주려 하지 않아요.

will 하면 '미래'부터 떠오르겠지만 '고집'이나 '의지'를 나타내기도 해요. 여기서는 will 을 써서 지금도 하지 않고 앞으로도 하지 않을 거라는 의지를 표현하고 있어요.

✛ **My sister will sit for hours listening to music.**
내 여동생은 몇 시간이고 앉아서 음악을 들으려고 한다.

❸ Holmes had been leaning back in his chair, quietly with his eyes closed...

홈즈는 조용히 눈을 감은 채 의자에 등을 기대고 있었다.

with one's eyes closed는 '눈을 감은 채', '눈을 감고'라는 의미예요. 이와 같은 〈with+명사+과거분사〉 형태는 '~이 ~되어서[된 채]'라는 뜻으로 동시에 일어나는 상황을 묘사할 때 쓰여요.

✛ **He sat in his room with his legs crossed.**
그는 다리를 꼰 채 자기 방에 앉아 있었다.

"You can imagine from what I say that my sister and I had a hard time. Because everyone is afraid of my stepfather, no one will work for us. We have to do everything. Sadly, Julia has already died. She was only thirty at the time of her death, but her hair was already going gray. My hair is becoming gray too."

"Your sister is dead, then?"

"She died two years ago. This is why I have come to see you. We very rarely left Stoke Moran but we sometimes visited our aunt. On one of those visits, Julia met a man. She fell in love and they were planning to get married. Our stepfather never verbally opposed the wedding but in about ten days, Julia was dead."

Holmes had been leaning back in his chair, quietly with his eyes closed as she told her story. He now sat up quickly and said, "Tell us every tiny detail."

◆ Writing

1 She was only thirty at the time of her death.

그녀는 죽을 때 겨우 서른이었어요.

• **at the time of** ~의 시기[때]에

> 빅뱅의 시기에 우주는 최대한으로 팽창한다.
>
> _____
>
> **힌트** the Big Bang, the universe, maximum

2 In about ten days, Julia was dead.

열흘쯤 후에 줄리아 언니가 죽은 거예요.

• **in about ten days** 열흘쯤 후에

> 열흘쯤 후에 그녀는 3킬로그램이 빠졌다.
>
> _____
>
> **힌트** lost 3kg

3 Holmes had been leaning back in his chair.

홈즈는 의자에 등을 기대고 있었다.

• **lean back** (상체를) 뒤로 젖히다

> 나는 의자에 등을 기대고 눈을 감았다.
>
> _____
>
> **힌트** closed my eyes

정답
1 At the time of the Big Bang, the universe has maximum.
2 In about ten days, she lost 3kg.
3 I leaned back in my chair and closed my eyes.

DAY
05

QR 코드로
음성을 들어보세요!

"I can tell you everything. ❶It is as clear in my mind as if it happened just last night. As I have said, our house is very old and we live in only one wing of it. Dr. Roylott's bedroom is the first, Julia's is the second and mine is the third. ❷There are no doors connecting the rooms. They just open out into the same long hall.

That night, Dr. Roylott went to his room early. We knew he hadn't gone to sleep because Julia could smell his cigars. He tended to smoke cigars in his room."

"Julia always hated that smell. So she came to my room. We talked for quite a while, mainly about her wedding. At about 11 p.m., she got up to go back to her room. Just as she was leaving, she asked, '❸Do you ever hear any whistling in the early hours of the morning?' I told her that I had never heard anything. Then she asked me if I whistled in my sleep. I told her, 'No. I don't think so. Why do you ask me that?' She said that she always heard a whistle in the quiet of the night at about three in the morning."

---

wing (건물의) 동(棟)(중심 건물에서 옆으로 늘인 부속 건물) **connect** 연결하다, 잇다 **hall** 복도; 넓은 방 **cigar** 시가 **tend to** ~하는 경향이 있다 **quite a while** 한참 동안, 꽤 오랫 동안 **mainly** 주로, 대부분은 **whistling** 휘파람, 휘파람 같은 소리 (**whistle** 휘파람을 불다; 휘파람, 경적) **in the quiet** 정적 속에서, 조용한 가운데

❶ **It is as clear in my mind as if it happened just last night.**

바로 어젯밤에 있었던 일처럼 머릿속에 생생해요.

as는 '～같이, ～만큼'이라는 의미가 있어서 비교할 때 자주 씁니다. 특히 〈as+형용사+as〉는 '～만큼 ～한'이라는 뜻이에요.

✛ Your hands are as cold as ice.
네 손이 얼음장처럼 차갑구나.

❷ **There are no doors connecting the rooms.**

그 방들을 연결하는 문은 없고요.

connecting the rooms가 명사 doors를 뒤에서 꾸며 주고 있어요. connecting 같은 현재분사(동사+-ing)는 형용사처럼 명사를 꾸밀 수 있어요. 그런데 여기처럼 현재분사 뒤에 다른 말이 붙어서 길어지면 명사를 뒤에서 꾸며요.

✛ I saw a boy chasing a celebrity at the airport yesterday.
나는 어제 공항에서 유명인을 쫓아가는 남자아이를 봤다.

❸ **Do you ever hear any whistling in the early hours of the morning?**

이른 새벽에 무슨 휘파람 소리가 들릴 때가 있니?

Do you ever～?는 평소에 어떤 행동을 할 때가 있는지 묻는 표현으로 '～하기도 해?', '～할 때가 있어?'라는 뜻이에요. 참고로 Have you ever～?는 과거에 한 번이라도 한 적이 있는지 경험을 묻는 표현이에요.

✛ Do you ever go skiing? 스키 타러 가기도 해?

✛ Have you ever skied before? 스키 타 본 적이 (한 번이라도) 있니?

"I can tell you everything. It is as clear in my mind as if it happened just last night. As I have said, our house is very old and we live in only one wing of it. Dr. Roylott's bedroom is the first, Julia's is the second and mine is the third. There are no doors connecting the rooms. They just open out into the same long hall.

That night, Dr. Roylott went to his room early. We knew he hadn't gone to sleep because Julia could smell his cigars. He tended to smoke cigars in his room."

"Julia always hated that smell. So she came to my room. We talked for quite a while, mainly about her wedding. At about 11 p.m., she got up to go back to her room. Just as she was leaving, she asked, 'Do you ever hear any whistling in the early hours of the morning?' I told her that I had never heard anything. Then she asked me if I whistled in my sleep. I told her, 'No. I don't think so. Why do you ask me that?' She said that she always heard a whistle in the quiet of the night at about three in the morning."

1 **As I have said, our house is very old.**

말씀드렸다시피, 우리 집 건물은 매우 오래되었어요.

• **As I have said** 내가 말했듯이

내가 말했듯이 나는 사진을 좀 올릴 거야.

───────────────────────────────

힌트 post some photos

2 **He tended to smoke cigars in his room.**

그는 자기 방에서 시가를 피우곤 했어요.

• **tend to** ~하는 경향이 있다

그녀는 새로운 사람들을 만날 때 부끄러워하는 면이 있다.

───────────────────────────────

힌트 shy, meets new people

3 **We talked for quite a while.**

우린 한동안 얘기를 나눴어요.

• **for quite a while** 꽤 오랫동안, 한동안

새뮤얼은 꽤 오랫동안 그림을 그렸다.

───────────────────────────────

힌트 drew a picture

. . . .

정답 1 As I have said, I will post some photos.

2 She tends to be shy when she meets new people.

3 Samuel drew a picture for quite a while.

DAY

06

QR 코드로
음성을 들어보세요!

"She was a light sleeper and any noise woke her up. She said that she had tried to find out where the noise was coming from. She didn't know whether it was coming from the room next door or from outside. I told her that maybe it was coming from the gypsies. She agreed and left to return to her room. ❶I heard her enter her room and lock the door."

"Did you always lock your rooms at night?" Holmes asked.

"Yes, every night. We were worried about the cheetah and the baboon," she replied.

"❷Yes, of course you would have been. Please go on with your story."

"That night, I tossed and turned all night. I did not sleep a wink. We were twins and people say that twins can sense things about each other. I had a terrible feeling of disaster. It was a very windy night and ❸the rain pounded against the windows. Then I heard a bloodcurdling scream. I knew it was my sister's voice."

---

light sleeper 깊은 잠을 못 자는 사람 **noise** 소음, 소리 **find out** 알아내다, 발견하다 **come from** ~에서 오다 **whether** ~인지 (아닌지) **lock** 잠그다, 자물쇠를 채우다 **be worried about** ~에 대해 걱정하다 **toss and turn** 뒤척이며 잠을 이루지 못하다 **not sleep a wink** 한잠도 못 자다 **sense** 느끼다, 감지하다 **disaster** 재앙, 불행, 재난 **pound** 세게 치다; 맹포격하다 **bloodcurdling** 소름이 끼치는, 등골이 오싹해지는 (**curdle** 굳다, 응고하다) **scream** 절규, 비명; 비명을 지르다

❶ I heard her enter her room and lock the door.

저는 언니가 방으로 들어가서 문을 잠그는 소리를 들었어요.

hear는 지각동사로 〈hear+목적어+동사원형〉의 형태로 쓰면 '~가 ~하는 것을 듣다'
라는 뜻이에요. 이때 들려오는 순간을 강조할 때는 동사원형 대신 현재분사를 쓰기도
합니다.

✚ She heard him sing every morning.

그녀는 그가 매일 아침 노래하는 소리를 들었다.

❷ Yes, of course you would have been.

네, 물론 그러셨겠지요.

〈would have+과거분사〉는 '~였을 것이다', '~했을 것이다'라는 뜻으로 과거에 관한
추측을 나타내요. 여기서는 you would have been 뒤에 앞에 나온 worried about
the cheetah and the baboon이 생략된 거예요.

✚ I would have been here sooner.

난 여기에 더 빨리 왔을 것이다.

❸ The rain pounded against the windows.

비가 창문을 때렸어요.

pound는 '(요란한 소리를 내며) 마구 두들기다'라는 뜻입니다. 비나 바람이 세게
창문을 두드릴 때 쓸 수 있는 표현입니다. against나 on과 같은 전치사와 함께
씁니다.

✚ The wind pounded against the window.

바람이 창문을 두드려 댔어요.

"She was a light sleeper and any noise woke her up. She said that she had tried to find out where the noise was coming from. She didn't know whether it was coming from the room next door or from outside. I told her that maybe it was coming from the gypsies. She agreed and left to return to her room. I heard her enter her room and lock the door."

"Did you always lock your rooms at night?" Holmes asked.

"Yes, every night. We were worried about the cheetah and the baboon," she replied.

"Yes, of course you would have been. Please go on with your story."

"That night, I tossed and turned all night. I did not sleep a wink. We were twins and people say that twins can sense things about each other. I had a terrible feeling of disaster. It was a very windy night and the rain pounded against the windows. Then I heard a bloodcurdling scream. I knew it was my sister's voice."

1 That night, I <u>tossed and turned</u> all night.

그날 밤, 전 밤새도록 뒤척였어요.

• **toss and turn** (잠자리에서) 뒤척이다

어떻게 하면 밤에 뒤척이는 것을 멈출 수 있을까요?

_____

힌트 how, stop, at night

2 I <u>did not sleep a wink</u>.

한잠도 못 잤지요.

• **not sleep a wink** 한잠도 못 자다

그는 지난밤에 한잠도 못 잔 것처럼 보인다.

_____

힌트 looks like, last night

3 I <u>had a terrible feeling of</u> disaster.

전 불행한 일이 닥칠 것 같은 끔찍한 기분이 들었어요.

• **have a feeling of/that** ~하는 기분[느낌]이 들다

나는 바이러스에 감염될 거라는 느낌이 들었다.

_____

힌트 catch the virus

....

정답 1 How can I stop tossing and turning at night?
  2 He looks like he did not sleep a wink last night.
  3 I had a feeling that I was going to catch the virus.

DAY
07

QR 코드로
음성을 들어보세요!

"I sprang from my bed. As I ran to my sister's room, I heard a whistling sound and then a clanging sound **❶**as if a mass of metal had fallen. She opened her door slowly.

By the light of the corridor lamp, her face was white with terror. **❷**I threw my arms around her, but at the moment she fell to the floor. Her last words were, 'It was the band! The speckled band!' She died instantly."

"You are absolutely sure you heard a whistle and a clanging sound?" Holmes asked Helen.

"Oh yes! I will never forget that."

"Was your sister wearing her nightdress?"

"Yes, and we found a match box in her hand."

"What did the police say about the case?"

"They investigated it thoroughly but they never found the cause of her death. The windows were closed with bars on them, the walls and floor are thick and her door was locked. **❸**Nobody could have entered the room," said Miss Stoner.

---

spring 튀다, 뛰어오르다 (과거형 sprang) **clang** 뗑그렁[철커덩]하는 소리를 내다 **a mass of** ~의 덩어리 **metal** 금속 **corridor** 복도 **with terror** 공포로, 두려움으로 **band** 끈, 띠 **speckled** 얼룩덜룩한, 반점이 있는 **instantly** 일순간에, 즉시 **absolutely** 완전히, 절대적으로 **nightdress** (여자용) 잠옷 **match box** 성냥갑 (match 성냥) **investigate** 조사하다, 수사하다 **thoroughly** 철저히, 완전하게 **cause** 원인, 이유 **bar** 창살, 빗장; 막대기

❶ as if a mass of metal had fallen
금속 덩어리가 떨어지는 것처럼

as if는 '마치 ~인 것처럼'이라는 뜻입니다. 마치 금속 덩어리가 떨어진 것처럼
철커덩하는 소리를 들었다는 의미지요.

✚ Chloe looked pale as if she had seen a ghost.
클로위는 마치 유령이라도 본 것처럼 창백해 보였다.

❷ I threw my arms around her...
저는 언니를 감싸 안았어요.

throw one's arms around A는 '두 팔로 A를 껴안다'라는 의미예요. 언니가 공포에
질린 것을 보고 팔을 내던지다시피 해서 감싸 안는 모습을 묘사하고 있어요. 오랜만에
반가운 사람을 만나 껴안을 때도 이 표현을 씁니다.

✚ She ran and threw her arms around her son.
그녀는 뛰어가서 자기 아들을 껴안았다.

❸ Nobody could have entered the room.
아무도 그 방에 들어갈 수 없었을 거예요.

⟨could have+과거분사⟩ 형태는 '~할 수 있었을 텐데'라는 뜻으로 과거의 일을
가정하거나 추측할 때 사용해요. 여기서는 주어 nobody와 함께 쓰였으므로 '아무도
들어갈 수 없었을 거예요'라는 부정의 의미로 해석하면 됩니다.

✚ No one could have climbed the mountain in that weather.
그 날씨에는 아무도 산에 올라갈 수 없었을 것이다.

"I sprang from my bed. As I ran to my sister's room, I heard a whistling sound and then a clanging sound as if a mass of metal had fallen. She opened her door slowly.

By the light of the corridor lamp, her face was white with terror. I threw my arms around her, but at the moment she fell to the floor. Her last words were, 'It was the band! The speckled band!' She died instantly."

"You are absolutely sure you heard a whistle and a clanging sound?" Holmes asked Helen.

"Oh yes! I will never forget that."

"Was your sister wearing her nightdress?"

"Yes, and we found a match box in her hand."

"What did the police say about the case?"

"They investigated it thoroughly but they never found the cause of her death. The windows were closed with bars on them, the walls and floor are thick and her door was locked. Nobody could have entered the room," said Miss Stoner.

1 I <u>sprang from</u> my bed.

저는 침대에서 벌떡 일어났어요.

• **spring from** ~으로부터 벌떡 일어나다

그는 침대에서 벌떡 일어나 화장실로 뛰어갔다.

_____

힌트 ran to the bathroom

2 <u>At the moment</u> she fell to the floor.

언니는 그 순간 바닥에 쓰러졌어요.

• **at the moment** 바로 그때

바로 그때 누군가 벨을 눌렀다.

_____

힌트 rang the bell

3 They never <u>found the cause of</u> her death.

그들은 언니의 사인을 밝히지 못했어요.

• **find the cause of** ~의 원인을 밝히다

경찰은 화재의 원인을 빠르게 밝혀냈다.

_____

힌트 the police, the fire, quickly

. . . .

정답 1 He sprang from his bed and ran to the bathroom.

2 At the moment, someone rang the bell.

3 The police found the cause of the fire quickly.

DAY

08

QR 코드로
음성을 들어보세요!

Holmes listened to this intently, and he had a very serious expression on his face.

"I don't like the sound of this. Please finish your story, Miss Stoner," he told her.

"Well, ❶it's been two years since my sister's death. ❷I have been lonelier than ever and miss her very much. But I recently met a man, and he asked me to marry him. His name is Percy Armitage. We want to get married in the spring. My stepfather has said nothing about my marriage."

"But two days ago ❸he told me to move into Julia's room to make repairs in mine. Last night, while in Julia's room, I heard the sound of a low whistle. It was the same sound Julia had talked about - on the night she had died! I was terrified and I immediately lit a candle. I couldn't see anything.

Needless to say, I couldn't sleep. As soon as daybreak came, I quickly dressed and came here."

---

intently 열심히, 열중하여 **serious** 심각한, 엄숙한; 중대한 **sound** (목소리·말 등의) 느낌, 인상 **lonely** 외로운, 쓸쓸한 **miss** 그리워하다 **recently** 최근에, 근래에 **marriage** 결혼 **make repairs** 수리하다 (repair 수리, 수선) **terrified** 겁먹은, 겁에 질린 **light** 불을 붙이다[켜다] (과거형 lit) **needless to say** 말할 것도 없이, 물론 **daybreak** 새벽

❶ It's been two years since my sister's death.

언니가 죽은 지 2년이 흘렀어요.

since는 '～ 이후로'라는 뜻으로 〈It's been+시간/기간+since ～〉는 '～ 이후로 (시간/기간)이 흘렀다'라는 의미예요.

➕ It's been a long time since we last met.

우리가 마지막으로 본 지 오랜 시간이 지났다.

❷ I have been lonelier than ever and miss her very much.

전 그 어느 때보다도 외로웠고, 언니가 몹시 그리워요.

〈have/has+과거분사〉는 현재완료로 과거에 시작된 일이 현재에도 영향을 미칠 때 사용해요. 외로운 상황이 과거부터 현재까지 계속되었다는 의미로 have been이라는 현재완료를 쓴 거예요. lonelier than ever 같은 〈비교급+than ever〉는 '어느 때보다도 더 ～한'이라는 의미입니다.

➕ She has been happier than ever since she returned to Seoul.

그녀는 서울로 돌아온 이후로 그 어느 때보다도 행복하게 지내고 있다.

❸ He told me to move into Julia's room to make repairs in mine.

그는 제 방을 수리하기 위해 저에게 줄리아 언니의 방으로 옮기라고 했어요.

〈to+동사원형〉 형태의 to부정사는 '～하기 위해서'라는 뜻으로 쓰이기도 합니다. 여기서 mine은 my room을 뜻하므로 to make repairs in mine은 '내 방에서 수리를 하기 위해서'라는 의미가 됩니다.

➕ She asked me to go to the store to help Samuel.

그녀는 새뮤얼을 도와주기 위해 나에게 가게에 가 달라고 부탁했다.

Holmes listened to this intently, and he had a very serious expression on his face.

"I don't like the sound of this. Please finish your story, Miss Stoner," he told her.

"Well, it's been two years since my sister's death. I have been lonelier than ever and miss her very much. But I recently met a man, and he asked me to marry him. His name is Percy Armitage. We want to get married in the spring. My stepfather has said nothing about my marriage."

"But two days ago he told me to move into Julia's room to make repairs in mine. Last night, while in Julia's room, I heard the sound of a low whistle. It was the same sound Julia had talked about - on the night she had died! I was terrified and I immediately lit a candle. I couldn't see anything.

Needless to say, I couldn't sleep. As soon as daybreak came, I quickly dressed and came here."

1 My stepfather has <u>said nothing about</u> my marriage.

새아버지는 제 결혼에 대해 아무 말씀도 하지 않으셨어요.

• say nothing about ~에 대해 아무 말도 하지 않다

그녀는 남자 친구에 대해 아무 말도 하지 않았다.

힌트 her boyfriend

2 <u>Needless to say,</u> I couldn't sleep.

말할 필요도 없이, 저는 잠을 잘 수가 없었어요.

• needless to say 말할 필요도 없이, 당연히

말할 필요도 없이 파티는 아주 성공적이었다.

힌트 a huge success

3 <u>As soon as</u> daybreak came, I quickly dressed.

날이 밝자마자 재빨리 옷을 입었어요.

• as soon as ~하자마자

집에 도착하자마자 나는 한참 동안 쉰다.

힌트 get home, take a long rest

. . . .

정답 1 She has said nothing about her boyfriend.

2 Needless to say, the party was a huge success.

3 As soon as I get home, I take a long rest.

DAY

09

QR 코드로
음성을 들어보세요!

❶Holmes sat in his chair thinking. After a while, he said, "This is very serious. We will come to Stoke Moran this afternoon. ❷How can we get into the house without the doctor knowing?"

"❸He will be away all day today," she informed us.

"Good, we will arrive this afternoon. I advise that you return now and wait for us."

Miss Stoner immediately left us.

CHAPTER TWO

An Urgent Matter

"What do you think of it all, Watson?" Holmes asked.

"It seems to me to be a most dark business," I said.

"Dark enough. This is a very urgent case, Watson. The most important clue is Julia's last words, 'the speckled band.'"

---

get into ~ 안으로 들어가다 **without -ing** ~하지 않고 **be away** 떠나 있다, 멀리 있다 **inform** 알리다, 알려 주다 **advise** 충고하다, 조언하다 **urgent** 긴급한, 절박한 **matter** 문제, 사건, 일 **dark business** 흉악한[음흉한] 일 **clue** 실마리, 단서

❶ Holmes sat in his chair <u>thinking</u>.

홈즈는 의자에 앉아 생각에 잠겨 있었다.

여기서 thinking은 분사구문으로 '생각하면서'라는 뜻이에요. 원래는 Holmes sat in his chair <u>as he was</u> thinking.인데, 접속사와 주어, be동사를 생략하고 간단히 분사구문으로 묘사하고 있어요.

✚ She walked down the street <u>talking</u> on the phone.

그녀는 전화 통화를 하면서 거리를 걸어갔다.

❷ How can we get into the house <u>without the doctor knowing</u>?

어떻게 하면 우리가 박사 모르게 집 안으로 들어갈 수 있을까요?

〈without A -ing〉는 'A가 ~하지 않고', 'A가 ~하지 않은 채'라는 의미예요. A와 주어가 같으면 〈without+-ing〉 형태로 쓰면 되지만, A와 주어가 다르면 이렇게 without 뒤에 A를 넣어 줘요.

✚ She was upset because he left <u>without saying</u> goodbye.

그녀는 그가 작별 인사도 없이 떠나서 속상했다.

❸ He will be <u>away</u> all day today.

오늘은 하루 종일 나가 계실 거예요.

away는 '떨어져'라는 의미로, 물리적인 거리감이 느껴지는 단어입니다. 따라서 여기서 be away는 '(집에서 떨어져) 외출 중이다', '출타 중이다'라는 뜻이 됩니다.

✚ Once upon a time, in a place far, far <u>away</u>…

[옛날이야기를 시작할 때] 옛날 옛적에, 아주 멀리 떨어진 곳에서…

Holmes sat in his chair thinking. After a while, he said, "This is very serious. We will come to Stoke Moran this afternoon. How can we get into the house without the doctor knowing?"

"He will be away all day today," she informed us.

"Good, we will arrive this afternoon. I advise that you return now and wait for us."

Miss Stoner immediately left us.

An Urgent Matter

"What do you think of it all, Watson?" Holmes asked.

"It seems to me to be a most dark business," I said.

"Dark enough. This is a very urgent case, Watson. The most important clue is Julia's last words, 'the speckled band.'"

1 How can we <u>get into</u> the house without the doctor knowing?

어떻게 하면 박사 모르게 집 안으로 들어갈 수 있을까요?

• **get into** ~ 안으로 들어가다

> 입구를 찾을 수가 없어요. 제가 어떻게 건물 안으로 들어갈 수 있나요?
>
> _____
>
> **힌트** find the entrance, the building

2 He will <u>be away</u> all day today.

그는 오늘은 하루 종일 나가 계실 거예요.

• **be away** 부재중이다

> 제가 일주일 동안 회사를 비웠어요.
>
> _____
>
> **힌트** from work, a week

3 <u>What do you think of</u> it all, Watson?

이 얘기를 다 어떻게 생각하나, 왓슨?

• **What do you think of ~?** ~을 어떻게 생각해?

> 우리의 새 메뉴에 대해 어떻게 생각하세요?
>
> _____
>
> **힌트** our new menu

....

정답   1   I can't find the entrance. How can I get into the building?

      2   I was away from work for a week.

      3   What do you think of our new menu?

DAY
10

QR 코드로
음성을 들어보세요!

"It could have been the gypsies whistling and clanging. But I don't think so. Let's eat breakfast. I will go into town for something, and then we will leave."

Holmes came back at about one o'clock. He was carrying a sheet of blue paper. It was the will of Helen and Julia's mother.

"Mrs. Stoner left ten thousand pounds. But ❶the girls are supposed to receive two thousand and five hundred pounds each when they marry. If they don't marry, or both die first, ❷the doctor is to get all of the money. There is a motive right there. Let's go, Watson and bring your gun."

Holmes and I left to catch a train. We had to hire a horse and cart to get to Stoke Moran.

As soon as we arrived, Helen came out.

She was fretting and said, "❸I have been waiting for you."

"Don't worry, Miss Stoner. We will get to the bottom of this," Holmes assured her. "Please show me your bedrooms."

---

a sheet of (종이 등)의 한 장 **be supposed to** ~하기로 되어 있다 **motive** 동기, 목적 **hire** 빌리다, 세내다; 고용하다 **cart** 마차, 수레 **get to** ~에 도착하다 **fret** 애타다, 안달하다 **get to the bottom of** ~의 진상을 밝히다 **assure** 장담하다, (보증하여) 안심시키다

❶ The girls <u>are supposed to</u> receive two thousand and five hundred pounds each when they marry.

딸들이 결혼하면 각자 2,500파운드씩 받게 되어 있어.

be supposed to는 '~하기로 되어 있다'라는 뜻으로 예정된 일을 말할 때 써요. 참고로 당시의 2,500파운드는 현재 한화로 5억이 넘는 큰돈입니다.

✚ She is supposed to prepare for her interview next week.

그녀는 다음 주에 있는 인터뷰를 준비하기로 되어 있다.

---

❷ The doctor <u>is to</u> get all of the money.

그 의사 선생이 돈을 모두 가지게 되는 거지.

〈be to+동사원형〉은 '~하게 되어 있다'라는 뜻으로 앞으로 예정된 일이나 운명 등을 말할 때 씁니다.

✚ We <u>are to</u> have a meeting tomorrow.

우리는 내일 회의를 하기로 되어 있다.

---

❸ I <u>have been waiting</u> for you.

선생님들을 기다리고 있었어요.

현재완료진행형 have been -ing는 과거에서 지금까지 '쭉 ~해 왔다'고 강조할 때 쓰는 표현입니다. 현재완료로 I have waited for you.(선생님들을 기다렸어요.) 라고 할 수도 있지만, 만나기 바로 전까지 기다리고 있었다는 것을 강조하기 위해 현재완료진행을 쓴 거예요.

✚ I <u>have been doing</u> yoga for three months.

나는 3개월 동안 요가를 계속 해 오고 있어.

"It could have been the gypsies whistling and clanging. But I don't think so. Let's eat breakfast. I will go into town for something, and then we will leave."

Holmes came back at about one o'clock. He was carrying a sheet of blue paper. It was the will of Helen and Julia's mother.

"Mrs. Stoner left ten thousand pounds. But the girls are supposed to receive two thousand and five hundred pounds each when they marry. If they don't marry, or both die first, the doctor is to get all of the money. There is a motive right there. Let's go, Watson and bring your gun."

Holmes and I left to catch a train. We had to hire a horse and cart to get to Stoke Moran.

As soon as we arrived, Helen came out.

She was fretting and said, "I have been waiting for you."

"Don't worry, Miss Stoner. We will get to the bottom of this," Holmes assured her. "Please show me your bedrooms."

◆ Writing

1 **It could have been the gypsies whistling and clanging.**

휘파람을 불고 철커덩 소리를 낸 건 집시들이었을 수도 있어.

• **could have+과거분사** ~했을 수도 있다(과거에 대한 추측)

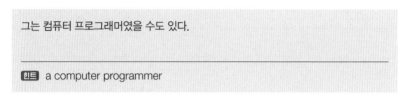

그는 컴퓨터 프로그래머였을 수도 있다.

힌트 a computer programmer

2 **She was fretting and said, "I have been waiting for you."**

그녀는 애가 타서 말했다. "선생님들을 기다리고 있었어요."

• **have/has been -ing** ~해 오고 있다

그녀는 약 한 달 동안 독일어 수업을 듣고 있다.

힌트 taking German class, about a month

3 **We will get to the bottom of this.**

우리가 진상을 밝힐 테니.

• **get to the bottom of** ~의 진짜 원인을 알아내다

우리는 이 문제의 원인을 밝혀내야 한다.

힌트 must, this problem

. . . .

정답 1 He could have been a computer programmer.
2 She has been taking German class for about a month.
3 We must get to the bottom of this problem.

DAY
11

QR 코드로
음성을 들어보세요!

Helen showed us where the bedrooms were. Then Holmes walked along the outside of the house. He looked at the window.

"First, go into your room and lock it," said Holmes to Helen.

After she locked her room, Holmes tried to open it but was unsuccessful. He also tried to get in through the windows but, again, was unsuccessful.

We then went into Julia's room. It was a small room with a low ceiling. Holmes sat in a chair and looked around. He did not speak for a while.

Then he said, "There is a bell-pull!" ❶There was a long rope dangling from the ceiling.

"Where does the bell ring?" he asked her.

"Downstairs. ❷It is supposed to be used to call the servants but as we don't have any, we never use it."

❸"This bell-pull looks newer than the other things." said Holmes.

"Yes, my stepfather put it in only a couple of years ago," replied Helen.

---

unsuccessful 잘 안 된, 실패한 **through** ~을 통해 **ceiling** 천장 **for a while** 잠시 동안 **bell-pull** 다른 방에 있는 종을 울리기 위해 당기는 줄 **dangle** 달랑달랑 매달리다 **ring** 울리다, 소리가 나다 **servant** 하인

❶ There was a long rope dangling from the ceiling.
긴 줄이 천장에 매달려 있었다.

dangling from the ceiling이 명사 rope를 뒤에서 꾸며 주고 있어요. 이렇게
현재분사(동사+-ing)는 형용사처럼 명사를 꾸밀 수 있는데, 뒤에 다른 말이 붙어서
길어지면 명사를 뒤에서 꾸며요. 그래서 위 문장을 직역하면 '천장에 매달려 있는 긴
줄이 있었다.'입니다.

✛ Who is the woman standing in front of store?
가게 앞에 서 있는 여자는 누구죠?

❷ It is supposed to be used to call the servants but as we don't have any, we never use it.
원래는 하인들을 부를 때 쓰는 건데, 우린 하인이 하나도 없으니 전혀 사용하지 않아요.

'하인이 하나도 없다'는 의미로 we don't have any servants라고 해야 하지만,
앞에 이미 servants가 나왔으므로 중복을 피하기 위해 간단히 any라고 썼습니다.

✛ I need a pen. Do you have any in your bag?
나 펜이 필요한데. 네 가방에 좀 있어?

❸ "This bell-pull looks newer than the other things." said Holmes.
"이 줄은 다른 물건들보다 새것 같군요." 홈즈가 말했다.

the other things는 bell-pull을 제외한 방에 있는 '다른 모든 것들'을 뜻하는
말입니다. 즉, 방의 물건 중에서 bell-pull이 가장 새것처럼 보인다는 뜻입니다.

✛ He is taller than the other students in his class.
그는 반에서 다른 학생들보다 키가 더 크다. (= 제일 크다)

Helen showed us where the bedrooms were. Then Holmes walked along the outside of the house. He looked at the window.

"First, go into your room and lock it," said Holmes to Helen.

After she locked her room, Holmes tried to open it but was unsuccessful. He also tried to get in through the windows but, again, was unsuccessful.

We then went into Julia's room. It was a small room with a low ceiling. Holmes sat in a chair and looked around. He did not speak for a while.

Then he said, "There is a bell-pull!" There was a long rope dangling from the ceiling.

"Where does the bell ring?" he asked her.

"Downstairs. It is supposed to be used to call the servants but as we don't have any, we never use it."

"This bell-pull looks newer than the other things." said Holmes.

"Yes, my stepfather put it in only a couple of years ago," replied Helen.

1 Holmes <u>walked along</u> the outside of the house.

홈즈는 집 밖을 따라 걸었다.

• **walk along** ~을 따라 걷다

젊은 커플은 손을 잡고 바닷가를 따라 걸었다.

_____

힌트 a young couple, the beach, holding hands

2 He also tried to <u>get in through</u> the windows.

그는 또한 창문을 통해 들어가 보려고 했다.

• **get in through** ~을 통해 들어가다

집이 잠겨 있어서 그 남자는 굴뚝을 통해 들어갔다.

_____

힌트 was locked, the man, the chimney

3 My stepfather <u>put</u> it <u>in</u> only a couple of years ago.

새아버지가 겨우 2~3년 전에 달아 놓았으니까요.

• **put something in** (장비, 가구를) 설치하다(= install)

그는 지난 주말에 에어컨을 설치했다.

_____

힌트 the air conditioner, last weekend

정답   1 A young couple walked along the beach holding hands.
　　　 2 The house was locked, so the man got in through the chimney.
　　　 3 He put the air conditioner in last weekend.

DAY
12

QR 코드로
음성을 들어보세요!

Holmes went over and pulled on the rope.

"It doesn't do anything. Look! ❶It's attached to that air vent. Why is there an air vent there? An air vent should go outside but ❷this one leads to the next room. Let's look more closely."

We all went into the doctor's room. It was a strange room. There were only three things: a bed, a wooden chair, and an iron safe.

"What is in the safe?" Holmes asked the woman.

"My stepfather's documents."

"Does your stepfather keep a cat?"

Holmes was pointing to a dish on the floor with milk in it.

"There are only the cheetah and the baboon. ❸That milk would not be enough for a cheetah."

Holmes looked around some more. He picked up a small dog leash. There was a small loop at the end of it.

---

pull on ~을 잡아당기다 **be attached to** ~에 붙어 있다 **air vent** 환풍구 **lead to** ~로 이어지다, ~에 이르다 **closely** 유심히, 자세히, 빈틈없이 **strange** 이상한, 낯선 **wooden** 나무로 된 **iron** 철, 쇠 **safe** 금고 **document** 문서, 서류 **point to** ~을 가리키다 **pick up** 집어 들다, 줍다 **leash** (개 등을 매어 두는) 가죽 끈 **loop** 고리, 올가미

❶ It's attached to that air vent.
줄이 저 환풍구에 매달려 있어.

attach는 '붙이다, 첨부하다'라는 뜻으로 이메일에 파일을 첨부한다고 할 때 많이 씁니다. be attached to는 수동형으로 '~에 붙어 있다'라는 의미예요. 이는 '~을 아주 좋아하다', '~과 정들다'라는 뜻으로도 쓰입니다.

✛ I attached the file to this email.
이 이메일에 파일을 첨부했어요.

✛ My child is very attached to her grandparents.
우리 아이는 할머니, 할아버지를 아주 좋아한다.

❷ This one leads to the next room.
이건 옆방으로 이어지잖아.

여기서 lead to는 '~로 이어지다'라는 의미예요. lead to는 또한 '~에 이르다', '~을 야기하다[초래하다]'라는 의미로도 씁니다.

✛ Bad planning will lead to difficulty later.
어설픈 계획은 나중에 어려움을 초래한다.

❸ That milk would not be enough for a cheetah.
저 우유는 치타가 먹기에는 충분하지 않겠네요.

would는 실제로는 일어나지 않은 일을 가정하면서 '~하겠다'라고 추측해서 말할 때도 사용해요. 즉, would에는 가정하는 뉘앙스가 있어요.

✛ I think he would do anything to live longer.
그는 더 오래 살기 위해 뭐든 할 것 같다.

Holmes went over and pulled on the rope.

"It doesn't do anything. Look! It's attached to that air vent. Why is there an air vent there? An air vent should go outside but this one leads to the next room. Let's look more closely."

We all went into the doctor's room. It was a strange room. There were only three things: a bed, a wooden chair, and an iron safe.

"What is in the safe?" Holmes asked the woman.

"My stepfather's documents."

"Does your stepfather keep a cat?"

Holmes was pointing to a dish on the floor with milk in it.

"There are only the cheetah and the baboon. That milk would not be enough for a cheetah."

Holmes looked around some more. He picked up a small dog leash. There was a small loop at the end of it.

◆ Writing

1   Holmes went over and <u>pulled on</u> the rope.

홈즈는 가서 줄을 당겼다.
- **pull on** ~을 잡아당기다

> 내가 서랍을 너무 세게 잡아당긴 것 같아.
>
> _____
>
> **힌트** think, the drawer, too hard

2   An air vent <u>should</u> go outside.

환풍구는 밖으로 나 있어야 해.
- **should** ~해야 한다

> 넌 오늘 병원에 가 봐야 해.
>
> _____
>
> **힌트** go see a doctor

3   Holmes was <u>pointing to</u> a dish on the floor with milk in it.

홈즈는 바닥에 놓인, 우유가 담긴 접시를 가리키고 있었다.
- **point to** ~을 가리키다

> 넌 잘못된 방향을 가리키고 있어.
>
> _____
>
> **힌트** the wrong direction

....

정답   1 I think I pulled on the drawer too hard.
   2 You should go see a doctor today.
   3 You are pointing to the wrong direction.

DAY

13

QR 코드로
음성을 들어보세요!

Suddenly, ❶Holmes's face became even more serious. He looked extremely worried. We went outside and Holmes walked around for quite some time.

"This is an extremely serious situation. You must do everything I tell you. It is vital."

Miss Stoner nodded her head.

"We are going to stay at the inn over there tonight," said Holmes, pointing at an inn across the street.

"Tonight, you must stay in your sister's room just as you did last night. When your stepfather goes to bed, ❷I want you to light a candle and blow it out after a few moments. That will be a signal for us. Then, go to your room and wait for us. We will enter the house and stay in Julia's room."

"You know how my sister died, don't you? Please tell me," Miss Stoner begged.

"I am not completely sure yet. We have to wait until tonight. ❸The doctor cannot see us, so we must go."

---

extremely 매우, 몹시 **vital** 극히 중대한, 절대 필요한 **inn** 여관, (작은) 호텔 **blow out** 불어서 끄다 **signal** 신호, 암호; 징후 **beg** 간청하다, 애원하다 **completely** 완전히, 철저히 **sure** 확신하는, 틀림없는

❶ Holmes's face <u>became even more serious</u>.

홈즈의 표정이 훨씬 더 심각해졌다.

⟨become+형용사⟩는 '~해지다'라는 뜻이에요. become serious는 '심각해지다'
인데, 비교급인 more serious를 쓰면 '더 심각해지다'라는 뜻이에요. 여기에
비교급을 강조하는 even까지 붙으면 '훨씬 더 심각해지다'라는 뜻이 돼요.

✛ Today home appliances have <u>become even more convenient</u>.

오늘날 가전제품들은 훨씬 더 편리해졌다.

❷ <u>I want you to</u> light a candle…

당신은 촛불을 켜 주세요.

I want to light a candle.은 '내가 촛불을 켜고 싶다.'는 말이고 I want you to
light a candle.은 '나는 네가 촛불을 켰으면 한다.'라는 뜻이에요. 즉, ⟨I want you
to+동사원형⟩은 '나는 네가 ~하기를 원해', '네가 ~해 줬으면 해'라는 뜻이에요.

✛ <u>I want you to</u> spend more time for yourself.

네가 너 자신을 위해서 더 많은 시간을 보냈으면 해.

❸ The doctor <u>cannot see us, so we must go</u>.

의사 선생이 우릴 보면 안 되니까, 우린 가야 해요.

cannot은 '~할 수 없다'뿐만 아니라 '~하면 안 된다'라는 뜻으로도 쓰여요. 여기서
cannot see us는 '우리를 볼 수 없다'가 아니라 '우리를 보면 안 된다'라는 의미예요.

✛ They can't park their car here.

그들은 여기에 주차하면 안 돼요.

Suddenly, Holmes's face became even more serious. He looked extremely worried. We went outside and Holmes walked around for quite some time.

"This is an extremely serious situation. You must do everything I tell you. It is vital."

Miss Stoner nodded her head.

"We are going to stay at the inn over there tonight," said Holmes, pointing at an inn across the street.

"Tonight, you must stay in your sister's room just as you did last night. When your stepfather goes to bed, I want you to light a candle and blow it out after a few moments. That will be a signal for us. Then, go to your room and wait for us. We will enter the house and stay in Julia's room."

"You know how my sister died, don't you? Please tell me," Miss Stoner begged.

"I am not completely sure yet. We have to wait until tonight. The doctor cannot see us, so we must go."

1 He <u>looked extremely worried.</u>

그는 몹시 걱정스러워 보였다.

• **look extremely + 형용사** 몹시 ~해 보이다

그녀는 그 순간 아주 아름다워 보였다.

힌트 beautiful, at that moment

2 Miss Stoner <u>nodded her head.</u>

스토너 양은 고개를 끄덕였다.

• **nod one's head** 고개를 끄덕이다

그 젊은 여자는 만족스러운 듯 고개를 끄덕였다.

힌트 the young woman, approvingly

3 You <u>know how</u> my sister died, don't you?

우리 언니가 어떻게 죽은 건지 아시는군요, 그렇죠?

• **know how 주어+동사** 어떻게 ~하는지 알다

그가 그것을 어떻게 고쳤는지 알아?

힌트 fixed it

정답 1 She looked extremely beautiful at that moment.
2 The young woman nodded her head approvingly.
3 Do you know how he fixed it?

DAY
14

QR 코드로
음성을 들어보세요!

We left the house and went to the inn to wait. **❶**We had a room from which we could see Stoke Moran. At about seven in the evening, Dr. Roylott arrived home. We could hear him yelling at the boy who opened the gate.

At about nine o'clock, all of the lights went out. We waited for about two more hours until we saw a flash of light in the window.

"That is our signal. Let's go," said Holmes.

❷We quickly made our way to the old house. A cold wind blew in our faces. We climbed in through Julia's window which Helen had left open. **❸**We had to be very quiet so as not to wake the doctor. We did not dare have a light, either. Roylott might see it through the air vent.

"Neither of us must fall asleep," whispered Holmes. "We may lose our lives if we do."

I put my hand on my gun to help reassure myself. How could I forget that dreadful night? The waiting was painful. It was one of the longest nights of my life. One hour passed. Then, two. Then, three.

---

yell at ~에게 호통치다 **go out** (불이) 꺼지다 (과거형 went) **a flash of** ~의 번쩍하는 빛[섬광] **make one's way to** ~로 가다, 나아가다 **leave ~ open** ~을 열어 두다 (과거형 left) **so as not to** ~하지 않도록 **dare** 감히 ~하다 **whisper** 속삭이다, 작은 목소리로 말하다 **lose one's life** 목숨을 잃다 **reassure oneself** 안심하다 (reassure 안심시키다) **dreadful** 무서운, 두려운, 무시무시한 **painful** 고통스러운, 괴로운

❶ We had a room <u>from which</u> we could see Stoke Moran. 우리는 스토크 모란을 볼 수 있는 방을 얻었다.

이 문장은 We had a room.과 We could see Stoke Moran <u>from the room.</u>이 합쳐진 거라고 보면 됩니다. 공통으로 들어가는 room을 관계대명사 which로 바꾸고, 뒷문장의 room 앞에 있던 전치사 from을 which 앞에 쓴 거예요.

＋ The house <u>in which</u> he lives has a garage.
(= <u>The house</u> has a garage. He lives <u>in the house</u>.)
그가 사는 집에는 차고가 있다.

❷ We quickly <u>made our way to</u> the old house.
우리는 재빨리 그 오래된 집으로 향했다.

make one's way to는 '~로 나아가다, 가다'라는 뜻으로 쓰입니다. 특히 '쉽지 않은 길이지만 나아간다'는 뉘앙스가 있어요.

＋ He <u>made his way to</u> the police station and told the police all about the robber.
그는 경찰서에 가서 경찰에게 강도에 대해 모두 말했다.

❸ We had to be very quiet <u>so as not to</u> wake the doctor.
박사를 깨우지 않도록 아주 조용히 움직여야 했다.

〈so as to+동사원형〉은 '~하기 위해서'라는 뜻이고, not이 들어간 〈so as not to+동사원형〉은 '~하지 않기 위해서', '~하지 않도록'이라는 뜻이에요.

＋ He had to be quiet <u>so as not to</u> wake the baby.
그는 아기를 깨우지 않도록 조용히 해야만 했다.

We left the house and went to the inn to wait. We had a room from which we could see Stoke Moran. At about seven in the evening, Dr. Roylott arrived home. We could hear him yelling at the boy who opened the gate.

At about nine o'clock, all of the lights went out. We waited for about two more hours until we saw a flash of light in the window.

"That is our signal. Let's go," said Holmes.

We quickly made our way to the old house. A cold wind blew in our faces. We climbed in through Julia's window which Helen had left open. We had to be very quiet so as not to wake the doctor. We did not dare have a light, either. Roylott might see it through the air vent.

"Neither of us must fall asleep," whispered Holmes. "We may lose our lives if we do."

I put my hand on my gun to help reassure myself. How could I forget that dreadful night? The waiting was painful. It was one of the longest nights of my life. One hour passed. Then, two. Then, three.

1 All of the lights <u>went out</u>.

불이 모두 꺼졌다.

• go out (불이) 꺼지다

불이 나갔을 때 무엇을 했어?

___

힌트 what, did, when

2 Neither of us must fall asleep.

우리 둘 다 절대 잠들면 안 되네.

• neither of + 복수명사 (둘 중) 아무것도[아무도] ~하지 않다

그들 중 아무도 차가 없다.

___

힌트 has a car

3 We <u>may</u> lose our lives if we do.

그랬다간 우리 모두 목숨을 잃을 수도 있어.

• may ~일지도 모른다 (가능성)

너는 망설이면 기회를 잃을지도 몰라.

___

힌트 hesitate, lose your chance

....

정답
1 What did you do when the lights went out?
2 Neither of them has a car.
3 If you hesitate, you may lose your chance.

DAY
15

QR 코드로
음성을 들어보세요!

At three o'clock, we could see a faint light through the air vent. Then, there was a hissing sound. ❶Holmes, being frightened, lit a match and ran to the wall. He began to hit it violently.

"Did you see that, Watson? Did you see it?" he asked me.

But I couldn't see anything. When Holmes lit the match, I had heard a low whistle. But I could not see what Holmes had hit. I could, however, see that his face was deadly pale and filled with horror.

❷We stood very still and a short time later, we heard a terrible scream. The sound made my blood run cold. They say that ❸people heard the cry all the way down in the village. I still have nightmares thinking about it.

"What was that scream?" I asked.

"It means this case is all over now," Holmes informed me.

"Come with me to the doctor's room. And bring your gun."

---

faint 희미한, 어렴풋한, 실낱 같은 **hissing sound** 쉿 하는 소리 **frightened** 두려워하는, 깜짝 놀란 **violently** 맹렬하게, 세차게 **deadly** 죽은 듯이, 지독하게, 몹시 **pale** 창백한, 핏기 없는 **horror** 공포, 전율 **stand still** 가만히 서 있다 (**still** 정지한) **make one's blood run cold** ~의 등골이 오싹하게 하다 **all the way** 내내, 먼 길을 무릅쓰고 **nightmare** 악몽, 끔찍한 일

❶ Holmes, <u>being frightened</u>, lit a match and ran to the wall.

홈즈는 겁에 질린 채 성냥불을 켜고 벽 쪽으로 뛰어갔다.

being frightened는 분사구문으로 '겁에 질린 채'라는 뜻이에요. 원래는 <u>as he</u> was frightened인데 접속사와 주어를 생략하고 was를 현재분사 being으로 만들었어요. 분사구문은 주어를 간단하면서도 생생하게 묘사하는 표현법이에요.

✛ My friend, <u>being sick</u>, had to take a day off from work.
내 친구는 아파서 일을 하루 쉬어야 했다.

❷ We <u>stood very still</u>...

우리는 꼼짝 않고 서 있었다.

stand still은 움직이지 않고 가만히 서 있는 것을 표현해요. 앉아서 가만히 있는 것은 sit still, 사진을 찍기 위해 움직이지 말라고 할 때는 hold still을 씁니다.

✛ The little boy <u>stood still</u> because he was afraid of dogs.
어린 소년은 개를 무서워했기 때문에 가만히 서 있었다.

❸ People heard the cry <u>all the way</u> down in the village.

마을 아래 사람들까지 그 비명 소리가 들렸다.

all the way는 '내내'라는 뜻으로 여기서는 얼마나 먼 곳까지 들렸는지 강조하는 의미입니다. down도 말하는 사람이 있는 곳에서 '떨어져'라는 뜻입니다. 따라서 all the way down in the village는 '화자가 있는 곳에서 멀리 떨어진 마을까지'라는 의미예요.

✛ I walked <u>all the way</u> downtown.
나는 시내까지 내내 걸어갔다.

At three o'clock, we could see a faint light through the air vent.

Then, there was a hissing sound. Holmes, being frightened, lit a match and ran to the wall. He began to hit it violently.

"Did you see that, Watson? Did you see it?" he asked me.

But I couldn't see anything. When Holmes lit the match, I had heard a low whistle. But I could not see what Holmes had hit. I could, however, see that his face was deadly pale and filled with horror.

We stood very still and a short time later, we heard a terrible scream. The sound made my blood run cold. They say that people heard the cry all the way down in the village. I still have nightmares thinking about it.

"What was that scream?" I asked.

"It means this case is all over now," Holmes informed me.

"Come with me to the doctor's room. And bring your gun."

1 His face <u>was</u> deadly pale and <u>filled with</u> horror.

홈즈의 얼굴이 몹시 창백하고 공포에 휩싸여 있었다.

• be filled with ~으로 가득 차다

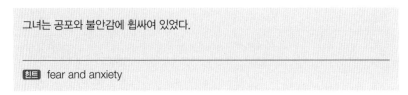

그녀는 공포와 불안감에 휩싸여 있었다.

_____

힌트 fear and anxiety

2 The sound <u>made my blood run cold.</u>

그 소리에 나는 등골이 오싹해졌다.

• make one's blood run cold ~의 등골이 오싹하게 하다

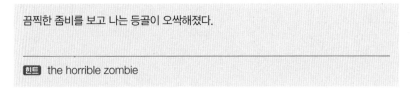

끔찍한 좀비를 보고 나는 등골이 오싹해졌다.

_____

힌트 the horrible zombie

3 It means this case <u>is all over</u> now.

이제 이 사건이 모두 끝났다는 뜻이네.

• be (all) over (모두) 끝나다

나는 코로나 바이러스가 끝나기를 바란다.

_____

힌트 hope, COVID-19

··

정답   1   She was filled with fear and anxiety.
         2   The horrible zombie made my blood run cold.
         3   I hope COVID-19 will be over.

QR 코드로
음성을 들어보세요!

❶A strange sight met my eyes. We noticed that the safe was now open. The doctor was sitting in the wooden chair that we had seen earlier that day. The small dog leash was in his lap.

He was dead and his eyes were looking toward the ceiling. ❷Wrapped around his head, we could see a yellow creature with brown spots.

"That is the speckled band," declared Holmes. The band began to move. It lifted its head. It was a snake!

"It is a swamp adder from India. It is the most dangerous snake in India," said Holmes. "❸Let's put it back into the cage."

Holmes picked up the leash. He looped it around the snake's head. He carried the snake to the safe and closed the door.

The next day, the police stated that Dr. Roylott had died from playing with a dangerous animal.

---

sight 광경; 구경거리 **notice** 알아채다, 주목하다 **lap** 무릎 **wrap around** 주위를 두르다[감다] **creature** 생물, (특히) 동물 **spot** 반점, 얼룩 **declare** 선언하다, 단언하다 **lift** 올리다, 들다 **swamp** 늪, 습지 **adder** 살모사 **put back** 제자리에 두다 **cage** 우리, 새장 **loop** 고리로 두르다[매다] **state** 말하다, 진술하다 **dangerous** 위험한, 무시무시한

❶ A strange sight met my eyes.

내 눈앞에 기괴한 광경이 펼쳐졌다.

직역하면 '이상한 광경이 내 눈을 만났다'인데, 이는 '내 눈앞에 이상한 광경이 펼쳐졌다'라는 의미예요. meet one's eyes는 '~이 보이다'라고 해석하면 돼요.

+ A fantastic view met my eyes.

환상적인 풍경이 내 눈앞에 펼쳐졌다.

❷ Wrapped around his head, we could see a yellow creature with brown spots.

우리는 갈색 점이 있는 노란색 생물체가 그의 머리를 감싸고 있는 것을 볼 수 있었다.

wrap은 '감싸다, 두르다'라는 뜻으로 wrap around his head는 '그의 머리를 감싸다'라는 뜻이에요. 과거분사 wrapped는 수동의 의미이므로 문맥상 뒤에 나오는 a yellow creature(노란색 생물체)가 '머리에 둘러져 있다'라고 해석하면 돼요.

+ I found something suspicious, wrapped in foil, in the fridge.

나는 냉장고에서 호일에 싸인 수상한 뭔가를 발견했다.

❸ Let's put it back into the cage.

저걸 다시 우리에 넣자고.

back에는 '등', '뒤로'라는 뜻 외에 '(이전의 상태로) 다시'라는 뜻도 있어요. 그래서 put A back은 'A를 다시 제자리에 놓다'라는 의미입니다.

+ He put the box back on the shelf.

그는 상자를 다시 선반에 놓았다.

A strange sight met my eyes. We noticed that the safe was now open. The doctor was sitting in the wooden chair that we had seen earlier that day. The small dog leash was in his lap.

He was dead and his eyes were looking toward the ceiling. Wrapped around his head, we could see a yellow creature with brown spots.

"That is the speckled band," declared Holmes. The band began to move. It lifted its head. It was a snake!

"It is a swamp adder from India. It is the most dangerous snake in India," said Holmes. "Let's put it back into the cage."

Holmes picked up the leash. He looped it around the snake's head. He carried the snake to the safe and closed the door.

The next day, the police stated that Dr. Roylott had died from playing with a dangerous animal.

◆ **Writing**

1 We <u>noticed that</u> the safe was now open.

우리는 금고가 이제는 열려 있는 것을 알아챘다.

• notice (that) ~라는 것을 알아채다[인지하다]

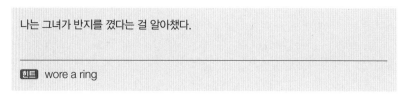

나는 그녀가 반지를 꼈다는 걸 알아챘다.

_____

힌트 wore a ring

2 <u>It is the most dangerous snake</u> in India!

그것은 인도에서 가장 위험한 뱀이지!

• It is the -est/most+형용사+명사 그것은 가장 ~한 ~이다

그곳은 세상에서 가장 추운 곳이다.

_____

힌트 cold, place, in the world

3 Dr. Roylott had <u>died from</u> playing with a dangerous animal.

로일롯 박사가 위험한 동물을 가지고 놀다가 사망했다.

• die from ~으로 죽다

50명 이상의 사람들이 홍수로 죽었다.

_____

힌트 more than, the flood

....

정답 1 I noticed that she wore a ring.

2 It is the coldest place in the world.

3 More than 50 people died from the flood.

DAY 17

QR 코드로
음성을 들어보세요!

"I knew something was strange when I saw the bell-pull connected to the air vent. Dr. Roylott liked exotic animals, so I thought he might have a snake too. He trained the snake to crawl through the vent and go down the rope. Whenever he whistled, the snake returned. The dish of milk was for the snake.

The doctor successfully killed Julia with the snake, so I guess he was going to try the same trick with Helen. As soon as I heard the hissing sound, I hit it. ❶I made the snake go back the way it came," Holmes explained.

"Yes, and ❷by hitting it, you made it angry. It went back and bit the doctor," I said.

"Really, ❸I guess I am the one who caused the doctor to die. I am glad it was him and not Helen, you or I."

....

exotic 이국적인, 색다른 **train** 길들이다, 훈련시키다 **crawl** 기다, 기어가다 **guess** 짐작하다, 추측하다 **trick** 속임수, 책략 **as soon as** ~하자마자 **bite** 물다, 쏘다 (과거형 bit) **cause** 원인이 되다, 야기하다

❶ I made the snake go back the way it came.

그 뱀을 왔던 곳으로 되돌아가게 한 거라네.

go back은 '돌아가다'이고 the way A came은 'A가 왔던 길'이라는 뜻이므로 go back the way it came은 '그것이 온 길로 돌아가다'라는 의미예요. 자주 쓰이는 덩어리 표현이므로 통째로 익혀 두세요.

+ It's not too late. You can go back the way you came.

너무 늦지 않았어. 넌 왔던 길로 돌아갈 수 있어.

❷ By hitting it, you made it angry.

그걸 때려서 놈이 약이 오르게 했군.

〈by -ing〉는 '~함으로써, ~해서'라는 의미로 수단이나 방법을 묘사하는 표현이에요.

+ You can go to the main menu by pressing this key.

이 키를 눌러서 주 메뉴로 갈 수 있어.

❸ I guess I am the one who caused the doctor to die.

내가 그 의사 선생을 죽게 만든 장본인 같아.

one은 이야기하는 사람이나 사물을 정확히 가리킬 때도 써요. 따라서 I'm the one who~는 '내가 ~한 사람이다', '~한 사람은 바로 나다'라는 뜻이에요. 여기서는 셜록이 의사를 죽게 한 사람이 바로 자기라는 것을 강조하기 위해 이 표현을 사용했어요.

+ I am the one who must leave.

떠나야 하는 사람은 바로 나야.

"I knew something was strange when I saw the bell-pull connected to the air vent. Dr. Roylott liked exotic animals, so I thought he might have a snake too. He trained the snake to crawl through the vent and go down the rope. Whenever he whistled, the snake returned. The dish of milk was for the snake.

The doctor successfully killed Julia with the snake, so I guess he was going to try the same trick with Helen. As soon as I heard the hissing sound, I hit it. I made the snake go back the way it came," Holmes explained.

"Yes, and by hitting it, you made it angry. It went back and bit the doctor," I said.

"Really, I guess I am the one who caused the doctor to die. I am glad it was him and not Helen, you or I."

1 I guess he <u>was going to</u> try the same trick with Helen.

난 그가 똑같은 수법을 헬렌에게도 쓰려고 했다고 생각하네.

• **was going to** ~하려고 했다

내 생각에 그는 케이크를 만들려고 했던 것 같다.

힌트 think, make a cake

2 <u>As soon as</u> I heard the hissing sound, I hit it.

쉬익 하는 소리를 듣자마자 나는 그걸 쳤어.

• **as soon as** ~하자마자

내가 집에 가자마자 전화할게.

힌트 get home, call you

3 I am the one who <u>caused</u> the doctor <u>to</u> die.

내가 그 의사 선생을 죽게 만든 장본인이야.

• **cause A to + 동사원형** A가 ~하도록 야기하다

사고 때문에 길이 막혔다.

힌트 the accident, the road, be blocked

....

정답   1   I think he was going to make a cake.

      2   As soon as I get home, I will call you.

      3   The accident caused the road to be blocked.

DAY

18

A Scandal in Bohemia

The Photograph

One unusual characteristic of Sherlock Holmes is that **❶**he has never cared for women. **❷**There was, perhaps, one woman who left a great impression on him. Her name was Irene Adler. Even though he did not love her, he never forgot her. However, I will not begin this story with her description. I will discuss some other important details first.

❸After not having seen Holmes for quite some time due to my marriage, I decided to call on him. Holmes welcomed me very warmly.

"Watson! It's been such a long time! Come in! Come in! It's lucky that you dropped by tonight. Take a look at this! It arrived just today, but there is no name, date, or address."

---

scandal 스캔들, 물의 **Bohemia** 보헤미아 (체코의 서부지역) **photograph** 사진 **unusual** 특이한, 보기 드문 **characteristic** 특징, 성향, 성격 **care for** ~을 좋아하다 **impression** 인상 **description** 묘사, 서술 **discuss** (말이나 글로) 논하다 **details** 상세한 설명, 상세 **due to** ~때문에, ~에 기인하는 **call on** 방문하다 **warmly** 따뜻이, 열렬히 **drop by** (불쑥) 들르다

❶ He has never cared for women.

그는 여자를 좋아해 본 적이 없다.

care for 하면 '~를 보살피다'라는 뜻이 먼저 떠오를 텐데요. 여기서는 '~를 사랑하다[아끼다]'라는 의미로 쓰였습니다.

➕ He really cares for you.

그는 너를 많이 아끼고 좋아해.

❷ There was, perhaps, one woman who left a great impression on him.

그에게 강렬한 인상을 남긴 여자는 한 명 있었을 것이다.

impression은 '인상'이라는 뜻으로 leave a great impression on someone은 '~에게 아주 좋은[강한] 인상을 남기다'라는 의미예요. great 대신 good을 써도 됩니다.

➕ I would like to leave a good impression on her.

나는 그녀에게 좋은 인상을 남기고 싶어.

❸ After not having seen Holmes for quite some time due to my marriage, I decided to call on him.

나는 결혼 생활 때문에 한동안 홈즈를 만나지 못해서 그를 방문하기로 마음먹었다.

분사구문에서 〈having+과거분사〉라는 완료 형태가 나오면, 이는 주절의 시제보다 더 앞선 일이라는 뜻입니다. 홈즈를 방문하기로 마음먹은 일보다 그를 만나지 못한 것이 더 이전 일이기 때문에 완료형을 쓴 거예요.

➕ After having lost his way, he returned home safely.

그는 길을 잃었다가 집에 무사히 돌아왔다.

The Photograph

One unusual characteristic of Sherlock Holmes is that he has never cared for women. There was, perhaps, one woman who left a great impression on him. Her name was Irene Adler. Even though he did not love her, he never forgot her. However, I will not begin this story with her description. I will discuss some other important details first.

After not having seen Holmes for quite some time due to my marriage, I decided to call on him. Holmes welcomed me very warmly.

"Watson! It's been such a long time! Come in! Come in! It's lucky that you dropped by tonight. Take a look at this! It arrived just today, but there is no name, date, or address."

◆ Writing

1 <u>Even though</u> he did not love her, he never forgot her.

비록 그는 그녀를 사랑하지는 않았지만 절대 잊지 않았다.

• **even though** 비록 ～이지만

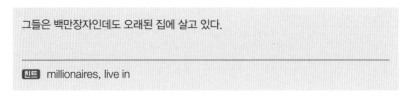

그들은 백만장자인데도 오래된 집에 살고 있다.

힌트 millionaires, live in

2 I decided to <u>call on</u> him.

그를 방문하기로 마음먹었다.

• **call on** ～를 방문하다

그녀는 내일 너를 방문할 거야.

힌트 tomorrow

3 <u>There is no</u> name, date, or address.

이름도, 날짜나 주소도 없다네.

• **There is no + 명사** ～이 없다

시간도 기운도 없다.

힌트 time or energy

．．．

정답 1 Even though they were millionaires, they live in an old house.
    2 She'll call on you tomorrow.
    3 There is no time or energy.

120

DAY

19

QR 코드로
음성을 들어보세요!

It was a short letter. It read:

> An individual will visit you tonight at 7:45 p.m. The purpose is to be kept a secret. ❶As you have helped many other people, some being very important, ❷I am hoping that you will be able to help me too.

"Well, Watson! What do you think of the paper?" he asked me. I tried to think like Holmes. "The paper is of very high quality. I am guessing that the person is rich. It's a strange paper."

"Yes. By examining it closely, it's not English. Perhaps a German wrote the letter. The paper was made in Bohemia. There's the sound of horses outside now. Maybe that's our mysterious visitor," said he.

"❸Would you like me to leave, Holmes?"

"No, please stay. I would like your opinion on whatever the person wants," he told me.

---

individual 개인, 사람 **purpose** 목적, 의도, 취지 **keep a secret** 비밀을 유지하다 **quality** 질, 품질 **examine** 조사하다, 검사하다 **mysterious** 신비의, 신비에 싸인 **visitor** 방문객, 손님 **opinion** 의견, 견해 **whatever** ~하는 것은 무엇이든지

❶ As you have helped many other people, <u>some being very important</u>...

당신이 많은 사람을 도왔고, 그중에는 주요 인사들도 있었기에…

some being very important는 some of whom have been very important(그중 일부는 주요 인사들이었다)를 줄인 표현이라고 볼 수 있어요. 앞에 나온 many other people에 대해 부가적으로 설명하고 있어요.

➕ I have traveled to many places, <u>some being very remote</u>.

나는 많은 곳을 여행했는데, 그중에는 매우 외진 곳도 있었다.

❷ I am hoping that you <u>will be able to</u> help me too.

당신이 저 또한 도와주실 수 있기를 바라고 있습니다.

will 뒤에 '~할 수 있다'라는 뜻의 be able to를 붙인 will be able to는 미래에 '~할 수 있을 것이다'라는 의미예요. 이때 will can이라고 쓰지는 않아요. will과 can은 둘 다 조동사라서 연이어 나올 수 없거든요.

➕ I <u>will be able to</u> help you in 10 minutes.

난 10분 후에 너를 도울 수 있을 거야.

❸ <u>Would you like me to</u> leave, Homes?

내가 자리를 피해 주는 게 좋겠나, 홈즈?

〈Would you like to+동사원형?〉은 '~하고 싶어요?'라는 뜻으로 상대방이 뭔가를 하고 싶은지 묻는 표현이고 〈Would you like me to+동사원형?〉은 '내가 ~해 줄까요?'라는 뜻으로 내가 뭔가를 하기를 바라는지 상대방에게 묻는 표현입니다.

➕ <u>Would you like me to</u> send this package for you?

내가 너 대신 이 소포를 보내 줄까?

It was a short letter. It read:

> An individual will visit you tonight at 7:45 p.m. The purpose is to be kept a secret. As you have helped many other people, some being very important, I am hoping that you will be able to help me too.

"Well, Watson! What do you think of the paper?" he asked me. I tried to think like Holmes. "The paper is of very high quality. I am guessing that the person is rich. It's a strange paper."

"Yes. By examining it closely, it's not English. Perhaps a German wrote the letter. The paper was made in Bohemia. There's the sound of horses outside now. Maybe that's our mysterious visitor," said he.

"Would you like me to leave, Holmes?"

"No, please stay. I would like your opinion on whatever the person wants," he told me.

1 I am hoping that you will be able to help me too.

당신이 저 또한 도와주실 수 있기를 바라고 있습니다.

- I am hoping that 나는 ~을 바라고[기대하고] 있다

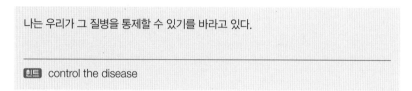

나는 우리가 그 질병을 통제할 수 있기를 바라고 있다.

_____

힌트 control the disease

2 By examining it closely, it's not English.

자세히 살펴보니, 이건 영국산이 아니야.

- by -ing ~함으로써, ~해서

그는 매일 달리기를 해서 살을 뺐다.

_____

힌트 lost weight, run

3 The paper was made in Bohemia.

종이는 보헤미아에서 만들어졌어.

- was made in ~에서 만들어졌다

이 램프는 스웨덴에서 만들어졌다.

_____

힌트 this lamp, Sweden

- -

정답 1 I am hoping that we will be able to control the disease.
2 He lost weight by running every day.
3 This lamp was made in Sweden.

DAY
20

QR 코드로
음성을 들어보세요!

Then, there was a knock on the door.

"Come in!" Holmes instructed.

A mysterious looking man entered. He was finely dressed and wore a mask over his face.

"I am Count von Kramm from Bohemia. ❶I have come on some very important business," the man said. "You must promise to keep it a secret."

"Of course we will keep your secret," Holmes and I promised.

"I have come with a message from a royal family. Their identity must be kept a secret, ❷so I am wearing a mask.

If you cannot help, one of the most important families in Europe will be in great trouble. It will cause a very big scandal. This is the House of Ormstein, King of Bohemia."

Holmes listened and replied, "I understand, Your Majesty."

❸This shocked the man, who suddenly jumped up and pulled the mask from his face.

---

knock 문 두드리는 소리; 문을 두드리다 **instruct** 지시하다; 알리다 **finely** 멋지게, 훌륭하게 **mask** 가면, 탈 **Count** 백작 **von** (귀족의 이름 앞에) ~ **(출신)의** **royal** 왕실의, 왕의 **identity** 신원, 정체 **in great trouble** 아주 곤란한, 큰 곤경에 빠진 **the house of** ~가문의, 일가의 **Your Majesty** 폐하 **shock** 충격을 주다, 깜짝 놀라게 하다 **pull** (없애기 위해) 잡아당기다

❶ I have come <u>on</u> some very important business.

매우 중요한 일로 왔소.

여기서 on은 '~에 대하여[관해]'라는 뜻으로 주제를 나타내요. 따라서 I have come on은 '나는 ~ 일로 왔다'라는 의미가 됩니다.

✛ I am reading a book <u>on</u> art history.

나는 미술사에 관한 책을 읽고 있다.

❷ So I <u>am wearing</u> a mask.

그래서 내가 가면을 쓰고 있는 거요.

be wearing은 〈be+-ing〉라는 현재진행형이에요. 하지만 상태를 나타내는 동사인 wear를 진행형으로 쓰면 동작이 아니라 가면을 쓰고 있는 '상태'를 나타내요. 만약 가면을 쓰고 있는 '동작'을 표현하려면 I am putting on a mask.라고 해야 합니다.

✛ She <u>is wearing</u> headphones.

그녀는 헤드폰을 쓰고 있다. (상태)

❸ This shocked the man, <u>who</u> suddenly jumped up and pulled the mask from his face.

이 말에 충격을 받은 그 남자는 갑자기 벌떡 일어나서 얼굴의 가면을 벗었다.

who는 관계대명사인데 여기서는 계속적 용법으로 and he 정도로 바꿔 쓸 수 있어요. 충격을 받은 남자가 벌떡 일어나서 얼굴의 가면을 벗었다는 의미예요.

✛ She had a son, <u>who</u> became a doctor.

그녀는 아들이 하나 있었는데, 그 아들은 의사가 되었다.

Then, there was a knock on the door.

"Come in!" Holmes instructed.

A mysterious looking man entered. He was finely dressed and wore a mask over his face.

"I am Count von Kramm from Bohemia. I have come on some very important business," the man said. "You must promise to keep it a secret."

"Of course we will keep your secret," Holmes and I promised.

"I have come with a message from a royal family. Their identity must be kept a secret, so I am wearing a mask.

If you cannot help, one of the most important families in Europe will be in great trouble. It will cause a very big scandal. This is the House of Ormstein, King of Bohemia."

Holmes listened and replied, "I understand, Your Majesty."

This shocked the man, who suddenly jumped up and pulled the mask from his face.

1 <u>I have come with</u> a message from a royal family.

나는 왕실의 전갈을 가지고 왔소.

• **I have come with** 나는 ~을 가지고 왔다

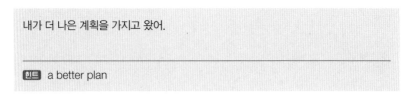

내가 더 나은 계획을 가지고 왔어.

힌트 a better plan

2 You must <u>promise to</u> keep it a secret.

비밀로 하겠다고 약속해 주셔야 하오.

• **promise to** ~할 것을 약속하다

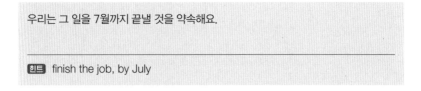

우리는 그 일을 7월까지 끝낼 것을 약속해요.

힌트 finish the job, by July

3 One of the most important families in Europe will <u>be in great trouble.</u>

유럽에서 가장 중요한 가문 중 하나가 큰 곤경에 처하게 될 것이오.

• **be in great trouble** 큰 곤경에 처하다

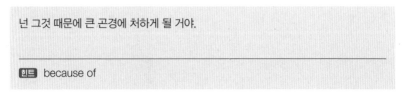

넌 그것 때문에 큰 곤경에 처하게 될 거야.

힌트 because of

- -

정답 1 I have come with a better plan.
2 We promise to finish the job by July.
3 You will be in great trouble because of it.

DAY

21

QR 코드로
음성을 들어보세요!

"But how could you know that I am the King?" He threw the mask on the ground. "Why do I have to hide it? I am the King. I am Wilhelm von Ormstein, King of Bohemia. **❶**I couldn't trust another person with my story so **❷**I came to ask you for your help myself."

"Please continue," Holmes said.

"There is a woman named Irene Adler who I met five years ago. We..."

"Irene Adler!" Holmes interrupted. "A singer born in 1850, a very beautiful woman living in London. You loved her, didn't you? You wrote her love letters but then you left her. And now you need those letters."

"Yes, that's right. But she also has a photograph with both of us in it. It was a mistake to give it to her. I was a stupid foolish young man back then," the King said.

"Have you tried to get the photograph back?" Holmes asked.

"**❸**Yes, several times."

---

trust with 믿고 ~을 맡기다   **continue** 말을 잇다; 계속하다, 지속하다   **named** ~라는 이름의   **interrupt** 가로막다, 도중에 방해하다   **back then** 과거 그때에, 그 당시에   **get A back** A를 되찾다

❶ I couldn't <u>trust</u> another person <u>with</u> my story.

나는 다른 사람을 믿고 내 얘기를 털어놓을 수가 없었소.

trust A with는 'A를 믿고 ~을 맡기다'라는 뜻이에요. 따라서 trust another
person with my story는 '다른 사람을 믿고 내 이야기를 맡기다', 즉 '다른 사람을
믿고 내 얘기를 털어놓다'라는 의미가 됩니다.

✛ I can <u>trust</u> him <u>with</u> money.
나는 그를 믿고 돈을 맡길 수 있다.

❷ I came to <u>ask you for your help</u> <u>myself</u>.

직접 당신의 도움을 청하러 온 것이오.

ask (you) for your help는 '너의 도움을 요청하다'라는 의미입니다. 재귀대명사
myself는 '<u>스스로, 직접</u>'이라는 뜻이 있는데, 여기서는 자신이 직접 왔다는 것을
강조하기 위해 쓰였어요.

✛ I made it <u>myself</u>.
내가 직접 그것을 만들었다.

❸ Yes, <u>several times</u>.

그렇소, 네다섯 번 정도.

several은 '몇몇의'라는 의미인데 '3 이상 정도의 수'라고 볼 수 있어요. 그래서
여기서는 '네다섯 번 정도'라고 해석했어요. couple도 '몇몇'이라는 뜻인데 보통 '두어
개 정도'를 가리킵니다.

✛ He texts me <u>several times</u> a day.
그는 나에게 하루에 몇 번씩 문자를 보낸다.

"But how could you know that I am the King?" He threw the mask on the ground. "Why do I have to hide it? I am the King. I am Wilhelm von Ormstein, King of Bohemia. I couldn't trust another person with my story so I came to ask you for your help myself."

"Please continue," Holmes said.

"There is a woman named Irene Adler who I met five years ago. We..."

"Irene Adler!" Holmes interrupted. "A singer born in 1850, a very beautiful woman living in London. You loved her, didn't you? You wrote her love letters but then you left her. And now you need those letters."

"Yes, that's right. But she also has a photograph with both of us in it. It was a mistake to give it to her. I was a stupid foolish young man back then," the King said.

"Have you tried to get the photograph back?" Holmes asked.

"Yes, several times."

◆ Writing

1 How could you know that I am the King?

그대는 어떻게 내가 왕이라는 걸 알았단 말이오?

• **How could you know that~?** ～라는 것을 어떻게 알았어?

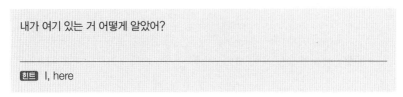

내가 여기 있는 거 어떻게 알았어?

_____

힌트 I, here

2 It was a mistake to give it to her.

그녀에게 그걸 주다니 실수였소.

• **It was a mistake to** ～한 것은 실수였다

중고차를 산 것이 실수였다.

_____

힌트 buy a used car

3 Have you tried to get the photograph back?

그 사진을 되찾으려고 노력하신 적은 있습니까?

• **Have you tried to~?** ～하려고 노력한 적이 있어?

아침에 일찍 일어나려고 노력한 적이 있어?

_____

힌트 get up early in the morning

....

정답
1 How could you know that I am here?
2 It was a mistake to buy a used car.
3 Have you tried to get up early in the morning?

DAY
22

QR 코드로
음성을 들어보세요!

Holmes began to laugh, "What is she going to do with the picture?"

"❶I am engaged to be married to Clotilde Lothman von Saxe-Meningen, the daughter of the King of Scandinavia. ❷If she finds out I am connected to Irene Adler, she will never marry me. We must marry. We are the two most important families in Europe. But Irene... she is beautiful, but she was very angry when I left her. She doesn't want me to marry another woman, and I know she will send the family the photograph to stop my marriage."

"Don't worry! We will find the photograph. ❸I will inform you of what happens," assured Holmes.

The King put a bag on the table. "Here is one thousand pounds. I must have that photograph. Here is her address: Biony Lodge, Serpentine Avenue, St. John's Wood, London."

"Good evening, Your Majesty."

The King left and Holmes said to me, "Come back at 3 p.m. tomorrow."

---

be engaged to be married to ~와 결혼하기로 약속한 상태다 **be connected to** ~와 연결[연관]되다
inform A of B A에게 B를 알리다 **lodge** 조그만 집, 별장, 여관 **avenue** 대로, 길

❶ I am engaged to be married to Clotilde Lothman...

나는 클로틸드 로스만과 결혼을 약속한 상태요.

be engaged to be married to는 '~와 결혼하기로 약속한 상태다'라는 뜻이에요.
보통은 I am engaged to Clotilde Lothman.처럼 간단히 말할 때가 많아요.

✦ **Robert is already engaged to be married to Mary.**
로버트는 이미 메리와 결혼하기로 약속한 사이다.

❷ If she finds out I am connected to Irene Adler, she will never marry me.

만일 내가 아이린 애들러와 관계가 있다는 걸 그녀가 알게 되면, 절대 나와 결혼하지 않을 거요.

〈if+주어+현재 시제, 주어+조동사+동사원형〉은 '만약 ~라면, ~한다'라는 뜻의
'가정법 현재'로, 현재나 미래에 발생할 수 있는 일을 가정해서 말할 때 사용해요. 이때
미래의 일을 가정하더라도 if절에는 현재 시제를 사용해요.

✦ **If it snows tomorrow, we will go skiing.**
내일 만약 눈이 오면 우리는 스키를 타러 갈 거야.

❸ I will inform you of what happens.

상황은 보고드리지요.

inform은 '알리다, 통지하다'라는 뜻이에요. 〈inform A of B〉 형태로 쓰면 'A에게 B
를 알리다'라는 의미가 돼요.

✦ **Please inform us of your accurate arrival time.**
당신의 정확한 도착 시간을 우리에게 알려 주세요.

Holmes began to laugh, "What is she going to do with the picture?"

"I am engaged to be married to Clotilde Lothman von Saxe-Meningen, the daughter of the King of Scandinavia. If she finds out I am connected to Irene Adler, she will never marry me. We must marry. We are the two most important families in Europe. But Irene... she is beautiful, but she was very angry when I left her. She doesn't want me to marry another woman, and I know she will send the family the photograph to stop my marriage."

"Don't worry! We will find the photograph. I will inform you of what happens," assured Holmes.

The King put a bag on the table. "Here is one thousand pounds. I must have that photograph. Here is her address: Biony Lodge, Serpentine Avenue, St. John's Wood, London."

"Good evening, Your Majesty."

The King left and Holmes said to me, "Come back at 3 p.m. tomorrow."

1 <u>What is she going to</u> do with the picture?

그녀는 그 사진으로 뭘 하려는 거죠?

• **What is she going to ~?** 그녀는 무엇을 ~할까?

그녀는 오늘밤 무슨 말을 할까?

_____

힌트 say, tonight

---

2 She doesn't <u>want me to</u> marry another woman.

그녀는 내가 다른 여자와 결혼하는 걸 원치 않소.

• **want A to + 동사원형** A가 ~하기를 원하다

나는 그가 항상 행복하기를 원한다.

_____

힌트 always happy

---

3 The King <u>put</u> a bag <u>on</u> the table.

왕은 탁자 위에 가방을 하나 올려놓았다.

• **put A on B** A를 B 위에 올려놓다

그녀는 상자 몇 개를 선반 위에 올려놓았다.

_____

힌트 several boxes, the shelf

정답 1 What is she going to say tonight?
         2 I want him to be always happy.
         3 She put several boxes on the shelf.

DAY
23

QR 코드로
음성을 들어보세요!

CHAPTER TWO

❶Holmes Gets Outsmarted

I arrived at Holmes's place. He was not there at three but at four a very strange servant entered the room. He looked old and dirty but then I realized it was Holmes.

"What are you doing?" I asked.

He was smiling and said, "Oh, Watson. Today has been very interesting. ❷Servants are always willing to talk. I have discovered so much outside Irene's house. The most interesting thing is her lawyer friend, Godfrey Norton. He happened to arrive while I was there. I watched them but then he quickly left and took a taxi. She came out very soon after and followed in another taxi.

I had to follow them so I took a third taxi. They went to the Church of St. Monica. I entered the church and Norton called out to me, 'Come here quickly.'"

"What did you do?" I asked.

"❸I helped marry them," he replied.

---

outsmart 재치가 한 수 높다, ~를 꾀로 이기다 **place** 장소; (개인의) 집 **be willing to** 기꺼이[흔쾌히] ~하다, ~할 의향이 있다 **discover** 알아내다, 발견하다 **lawyer** 변호사 **happen to** 우연히 ~하다 **take a taxi** 택시를 타다 (과거형 took) **follow** 따라가다 **call out to** ~에게 큰 소리로 말하다 **marry** (목사가) 결혼식을 집행[주례]하다

❶ Holmes gets outsmarted.

홈즈보다 한 수 위다.

동사 outsmart는 '~보다 한 수 위다'라는 의미인데 get outsmarted는
수동태이므로 '한 수 앞섬을 당하다', 즉 '한 방 먹다'라는 뜻이 돼요.

✛ Do you think you can outsmart him?

네가 그를 앞설 수 있을 것 같아?

❷ Servants are always willing to talk.

하인들은 언제나 말하기를 좋아하지.

〈be willing to+동사원형〉은 '기꺼이[흔쾌히] ~하다'라는 의미예요. 이와 반대로
'~하기를 꺼려하다'는 〈be unwilling to+동사원형〉으로 표현해요.

✛ She is willing to help her neighbors.

그녀는 기꺼이 자신의 이웃을 도우려고 한다.

❸ I helped marry them.

그들의 결혼을 도왔지.

marry는 흔히 '결혼하다'로 알고 있지만 '결혼시키다' 또는 '결혼식을 집행[주례]하다'
라는 뜻도 있습니다. 위 문장은 목사가 두 사람의 결혼을 집행하는 걸 홈즈가 얼떨결에
도왔다는 뜻입니다.

✛ We were married by a reverend.

우리는 목사의 주례 하에 결혼했다.

✛ Paul married his son to a famous scientist.

폴은 아들을 유명한 과학자와 결혼시켰다.

Holmes Gets Outsmarted

I arrived at Holmes's place. He was not there at three but at four a very strange servant entered the room. He looked old and dirty but then I realized it was Holmes.

"What are you doing?" I asked.

He was smiling and said, "Oh, Watson. Today has been very interesting. Servants are always willing to talk. I have discovered so much outside Irene's house. The most interesting thing is her lawyer friend, Godfrey Norton. He happened to arrive while I was there. I watched them but then he quickly left and took a taxi. She came out very soon after and followed in another taxi.

I had to follow them so I took a third taxi. They went to the Church of St. Monica. I entered the church and Norton called out to me, 'Come here quickly.'"

"What did you do?" I asked.

"I helped marry them," he replied.

1 I realized it was Holmes.

나는 그가 홈즈임을 깨달았다.

• **realize** 깨닫다, 알아차리다

나는 바꾸기에는 너무 늦었다는 것을 깨달았다.

힌트 too late to change

2 He happened to arrive while I was there.

내가 거기 있는 동안 마침 그가 도착하더군.

• **happen to** 우연히[마침] ~하다

그가 마침 집에 있었다.

힌트 at home

3 Norton called out to me, "Come here quickly."

노튼이 큰 소리로 나를 부르더군. "얼른 이리 와 보게."

• **call out to** ~를 큰 소리로 부르다

몇 분 후에 우리 오빠가 나를 큰 소리로 불렀다.

힌트 a few minutes later

....

정답   1   I realized it was too late to change.

      2   He happened to be at home.

      3   A few minutes later, my brother called out to me.

DAY

24

QR 코드로
음성을 들어보세요!

"She married him! What is the next plan of action?" I asked again.

"Well, tonight Watson, will you help me without asking any questions?"

"Holmes, of course I will help you!"

"We will go to her home at Biony Lodge at 7 p.m. She will invite me into her home. ❶I want you to wait outside the sitting room by the window. Keep this smoke stick with you while you wait. When you see my hand, throw it through the window. After you throw it into the room, shout 'Fire!' There will be no fire. ❷The room will simply fill up with smoke. After you do that, wait for me on the street corner."

"Alright! I can do all of that," I said.

❸Holmes and I prepared for that night. Holmes changed his whole appearance to look like a completely different man. We went to the house and noticed a lot of people chatting and smoking outside.

----

action 행동, 활동 **invite** 초대하다 **smoke stick** 연막탄 **simply** 단지, 다만 **fill up with** ~으로 가득 차다 **street corner** 길모퉁이 **prepare for** ~을 준비[대비]하다 **appearance** 겉모습, 외관, 생김새 **chat** 이야기를 나누다, 수다를 떨다 **smoke** 담배 피우다

❶ I want you to wait outside the sitting room <u>by</u> the window.

자네는 거실 밖 창가에서 기다리고 있게.

by는 '~ 옆에'라는 의미의 전치사입니다. sitting room은 '거실'이라는 뜻으로 living room의 영국식 표현이에요.

✛ Samuel is standing <u>by</u> the door.

새뮤얼은 문 옆에 서 있다.

❷ The room will simply <u>fill up with</u> smoke.

단지 그 방이 연기로 가득 차게 될 거야.

fill up with는 '(주어가) ~으로 가득 차다'라는 뜻이에요. fill up은 주유소에서도 많이 쓰는데 이때는 '(차에 기름을) 가득 채우다'라는 의미예요.

✛ The classroom <u>filled up with</u> the students.

교실은 학생들로 가득 찼다.

✛ I need to <u>fill up</u> the gas.

나는 (차에) 기름을 가득 넣어야 한다.

❸ Holmes and I <u>prepared for</u> that night.

홈즈와 나는 그날 밤을 위해 준비했다.

prepare A는 'A를 준비하다'이고 prepare for A는 'A를 대비해서 준비하다'라는 뜻입니다. 따라서 prepare the exam은 '시험 자체를 준비하다', 즉 '(교수가) 시험 문제 등을 내며 준비한다'는 뜻이고, prepare for the exam은 '(학생이) 시험을 대비한다'는 의미입니다.

✛ I need to <u>prepare for</u> the exam.

나는 시험(을 대비한) 준비를 해야 해.

"She married him! What is the next plan of action?"
I asked again.

"Well, tonight Watson, will you help me without
asking any questions?"

"Holmes, of course I will help you!"

"We will go to her home at Biony Lodge at 7 p.m. She
will invite me into her home. I want you to wait outside
the sitting room by the window. Keep this smoke stick
with you while you wait. When you see my hand,
throw it through the window. After you throw it into
the room, shout 'Fire!' There will be no fire. The room
will simply fill up with smoke. After you do that, wait
for me on the street corner."

"Alright! I can do all of that," I said.

Holmes and I prepared for that night. Holmes
changed his whole appearance to look like a completely
different man. We went to the house and noticed a lot
of people chatting and smoking outside.

1 <u>Will you</u> help me without asking any questions?

아무것도 묻지 말고 나 좀 도와주겠나?

• Will you ~? ~할래?

개 좀 산책시킬래?

힌트 walk the dog

2 She will <u>invite</u> me <u>into</u> her home.

그녀가 나를 집 안으로 들일 거야.

• invite A (in)to B A를 B로 초대하다

나는 오늘 저녁 식사에 우리 가족들을 초대할 거야.

힌트 my family, dinner, tonight

3 Holmes and I <u>prepared for</u> that night.

홈즈와 나는 그날 밤을 위해 준비했다.

• prepare for ~을 준비[대비]하다

나는 기말 고사를 준비하고 있다.

힌트 final exam

- -

정답 1 Will you walk the dog?

2 I will invite my family to dinner tonight.

3 I am preparing for the final exam.

QR 코드로
음성을 들어보세요!

"I am sure that the photograph is in her house. I don't think she would keep it in a place like a bank. I think that the King's men just didn't know where to look," Holmes said to me.

"So then how will you find it?" I asked.

"I will wait for her to show me."

As we were talking, a taxi arrived. Irene Norton stepped out. Just at that moment, a fight broke out among the men standing in front of her house. ❶Irene was in the middle of it, getting pushed around. ❷Holmes ran off to give her some assistance. He was helping her when he got hit. He fell to the ground and there was blood on his face.

❸By this time, Irene had hurried away. She turned around and saw Holmes on the ground.

"Is he injured?" she asked.

"I think he's dead," said one person.

"He's not dead, just hurt," said another person.

"Bring him into my home," Irene said.

---

step out 나오다, 나가다 **break out** 별안간 ~하기 시작하다, 돌발하다 (과거형 **broke**) **in the middle of** ~의 한가운데에 **get pushed** 밀리다 **assistance** 도움, 원조, 지원 **fall to the ground** 바닥에 쓰러지다 (과거형 **fell**) **hurry away** 급히 가 버리다 **injured** 다친, 부상당한

① **Irene was in the middle of it, getting pushed around.**

아이린은 그 싸움의 한복판에 있다가 밀쳐지고 있었다.

push around는 '난폭하게 다루다, 괴롭히다'라는 뜻이므로 수동형인 get pushed around는 '난폭하게 다뤄지다, 괴롭힘을 당하다'라는 뜻이에요. 원래는 and she got pushed around인데 분사구문으로 만들어 getting pushed around가 된 거예요.

+ **He used to push me around.**

그는 나를 괴롭히곤 했다.

② **Holmes ran off to give her some assistance.**

홈즈가 그녀를 돕기 위해 달려갔다.

run은 '달리다'인데 run off라고 하면 황급히 떠나는 모습을 묘사하는 표현이 돼요. 여기서는 홈즈가 아이린을 돕기 위해 갑자기 달려 나가는 모습을 나타내고 있어요.

+ **Where did John run off to?**

존이 어디로 황급히 떠난 거야?

③ **By this time, Irene had hurried away.**

그때쯤 아이린은 서둘러 자리를 피해 있었다.

hurry away는 '급히 가 버리다'라는 뜻이에요. 홈즈가 땅에 쓰러진 것보다 아이린이 피한 것이 먼저라서 과거완료형인 had hurried away를 쓴 거예요. 즉, 홈즈가 쓰러져 있을 무렵 아이린은 이미 자리를 피한 상황이라는 뜻이에요.

+ **By the time the fox appeared, the rabbit had hurried away.**

여우가 나타났을 때에는 토끼는 서둘러 피해 있었다.

"I am sure that the photograph is in her house. I don't think she would keep it in a place like a bank. I think that the King's men just didn't know where to look," Holmes said to me.

"So then how will you find it?" I asked.

"I will wait for her to show me."

As we were talking, a taxi arrived. Irene Norton stepped out. Just at that moment, a fight broke out among the men standing in front of her house. Irene was in the middle of it, getting pushed around. Holmes ran off to give her some assistance. He was helping her when he got hit. He fell to the ground and there was blood on his face.

By this time, Irene had hurried away. She turned around and saw Holmes on the ground.

"Is he injured?" she asked.

"I think he's dead," said one person.

"He's not dead, just hurt," said another person.

"Bring him into my home," Irene said.

1 I am sure that the photograph is in her house.

사진은 분명히 그녀 집에 있을 거야.

• I am sure that 나는 ~을 확신해, 분명 ~할 거야

나는 그들이 올 거라고 확신한다.

힌트 will come

2 I will wait for her to show me.

그녀가 내게 보여 주기를 기다릴 걸세.

• wait for A to B A가 B하기를 기다리다

나는 그가 나를 데리러 오기를 기다리고 있다.

힌트 him, pick me up

3 Holmes ran off to give her some assistance.

홈즈가 그녀를 돕기 위해 달려갔다.

• give A B A에게 B를 주다

그들은 그에게 두 번째 기회를 줄 것이다.

힌트 a second chance

정답 1 I am sure that they will come.
2 I am waiting for him to pick me up.
3 They will give him a second chance.

DAY
26

QR 코드로
음성을 들어보세요!

I saw all of this happen and went to wait outside the sitting room window. ❶I watched what happened inside. Holmes held up his hand and then I threw the smoke stick inside. I shouted "Fire," and the room very quickly filled with smoke.

I went to wait for Holmes on the street corner and Holmes appeared about 10 minutes later.

"Did you get the photograph?" I asked.

"No, but she showed me," he told me.

"❷How did you manage that?" I asked.

Holmes just laughed and said, "I paid those people to start a fight in the street. ❸That got me into Irene's home. Then, you threw the smoke stick into the room. When there is a fire, people always run to get their most valuable possessions. I watched as she ran to get her photograph. It's in her cupboard. We will go with the King to get it tomorrow."

---

hold up 올리다 (과거형 held) **appear** 나타나다 **manage** 용케[간신히] 해내다 **valuable** 귀중한, 소중한
possessions 소유물, 재산 **cupboard** 찬장, 식기장

❶ I watched what happened inside.

나는 안에서 무슨 일이 일어나는지 살펴보았다.

'보다'라는 의미의 watch는 움직이는 대상을 살펴보거나 일정 시간 동안 지켜볼 때 사용해요.

+ Can you watch my bag for me?
  내 가방 좀 봐줄 수 있겠니?

+ He is watching TV right now.
  그는 지금 텔레비전을 보고 있다.

❷ How did you manage that?

그걸 어떻게 해낸 건가?

manage는 '관리하다'라는 뜻 외에 '간신히 해내다'라는 뜻으로도 많이 사용해요. '어려운 일을 힘들게 해내다'라는 뉘앙스가 있어요.

+ The team managed to get to the station in time.
  그 팀은 간신히 제시간에 기차역에 도착했다.

❸ That got me into Irene's home.

그 일로 나는 아이린의 집 안에 들어가게 됐고.

〈get A into B〉는 'A를 B에 들어가게 하다'라는 의미예요. into 대신 to를 쓰기도 하는데, into는 '안으로'라는 뉘앙스를 강조해요. 여기서 that은 앞 문장에 나온 내용을 가리켜요. 사람들이 싸운 덕에 아이린의 집에 들어가게 됐다는 뜻이지요.

+ I need to get her into a nurse's office.
  나는 그녀를 양호실로 데려가야 해요.

I saw all of this happen and went to wait outside the sitting room window. I watched what happened inside. Holmes held up his hand and then I threw the smoke stick inside. I shouted "Fire," and the room very quickly filled with smoke.

I went to wait for Holmes on the street corner and Holmes appeared about 10 minutes later.

"Did you get the photograph?" I asked.

"No, but she showed me," he told me.

"How did you manage that?" I asked.

Holmes just laughed and said, "I paid those people to start a fight in the street. That got me into Irene's home. Then, you threw the smoke stick into the room. When there is a fire, people always run to get their most valuable possessions. I watched as she ran to get her photograph. It's in her cupboard. We will go with the King to get it tomorrow."

1 I saw all of this happen.

나는 이 모든 일이 일어나는 것을 보았다.

• see + 목적어 + 동사원형 ~가 ~하는 것을 보다

그녀는 수리 기사가 도착한 것을 봤다.

_____

힌트 a technician, arrive

2 Did you get the photograph?

사진은 손에 넣었나?

• Did you get ~? ~은 구했어[받았어]?

더블린에서 그녀가 보낸 카드를 받았어?

_____

힌트 the card, sent, from Dublin

3 I paid those people to start a fight in the street.

그 사람들에게 길에서 싸움을 벌이라고 돈을 주었지.

• start a fight 싸움을 시작하다

누가 싸움을 시작했는지 넌 못 믿을 거야.

_____

힌트 won't believe, who

. . . .

정답 1 She saw a technician arrive.

2 Did you get the card she sent from Dublin?

3 You won't believe who started the fight.

DAY
27

QR 코드로
음성을 들어보세요!

Holmes talked as we walked back to his home on Baker Street. We were walking to the front entrance of his house when a young man rushed past us and said, "Good evening, Mr. Sherlock Holmes."

❶The voice was very familiar to Holmes.

"Whose is that voice? ❷I can't put a face to it," Holmes said to me.

We said good night to one another and agreed to meet the next day.

In the morning, we went to Biony Lodge with the King. A servant greeted us at the door and asked, "Are you Mr. Sherlock Holmes?"

Holmes was very surprised but said, "Yes."

"Mrs. Norton asked me to tell you that she and her husband left England this morning. They never plan to return."

❸This new information left us all in great shock.

"The photograph! Whatever will I do!" exclaimed the King. We all rushed past the servant into the sitting room.

---

front 정면, 앞 entrance 입구, 현관 rush 급히 움직이다, 서두르다 past 지나가서, 지나쳐서 voice 목소리, 음성 familiar 익숙한, 낯익은 greet 맞이하다; 인사하다 leave A in shock A를 충격에 빠뜨리다 (과거형 left)

① The voice was very familiar to Holmes.
홈즈에게는 매우 귀에 익은 목소리였다.

familiar는 '익숙한'이라는 의미예요. 따라서 이 문장을 직역하면 '그 목소리는 홈즈에게 매우 익숙했다'가 돼요. 참고로 look familiar는 '익숙해 보이다', '많이 본 것 같다'라는 뜻이고, sound familiar는 '익숙하게 들리다', '많이 들어본 것 같다'라는 뜻이에요.

+ This looks familiar (to me).
이거 많이 본 거 같은데. (to me는 생략 가능)

+ The name sounds familiar.
그 이름은 많이 들어본 거 같은데.

② I can't put a face to it.
목소리와 얼굴이 연결되지 않는걸.

put a face to it은 원래 put a face to the voice예요. 위 문장을 직역하면 '목소리에 얼굴을 놓을 수 없다', 즉 '목소리를 들어도 떠오르는 얼굴이 없다'라는 뜻이에요.

+ Can you put a face to the voice?
목소리를 듣고 얼굴을 떠올릴 수 있어?

③ This new information left us all in great shock.
이 새로운 소식으로 우리는 모두 큰 충격에 빠졌다.

〈leave A in B〉는 'A가 B 상태가 되게 하다', 'A를 B 상태로 놓아두다'라는 의미예요. 여기서는 '새로운 소식이 우리를 커다란 충격에 빠뜨렸다'라는 뜻이에요.

+ The news left me in tears.
그 소식에 나는 눈물을 흘렸다.

Holmes talked as we walked back to his home on Baker Street. We were walking to the front entrance of his house when a young man rushed past us and said, "Good evening, Mr. Sherlock Holmes."

The voice was very familiar to Holmes.

"Whose is that voice? I can't put a face to it," Holmes said to me.

We said good night to one another and agreed to meet the next day.

In the morning, we went to Biony Lodge with the King. A servant greeted us at the door and asked, "Are you Mr. Sherlock Holmes?"

Holmes was very surprised but said, "Yes."

"Mrs. Norton asked me to tell you that she and her husband left England this morning. They never plan to return."

This new information left us all in great shock.

"The photograph! Whatever will I do!" exclaimed the King. We all rushed past the servant into the sitting room.

Writing

1 Homes talked as we <u>walked back to</u> his home on Baker Street.

홈즈는 우리가 베이커가에 있는 그의 집으로 걸어서 돌아오는 동안 얘기했다.

• **walk back to** 걸어서 ~로 돌아가다

> 나는 걸어서 사무실로 돌아갈 거야.
>
> ___
>
> 힌트 I'm going to, the office

2 We said good night to one another and <u>agreed to</u> meet the next day.

우리는 서로 잘 자라는 인사를 하고 다음 날 만나기로 했다.

• **agree to** ~하는 것에 동의하다

> 나는 내 동료들과 점심을 먹는 것에 동의했다.
>
> ___
>
> 힌트 have lunch, my coworkers

3 Mrs. Norton <u>asked me to tell you that</u> she and her husband left England this morning.

노튼 부인께서 선생님께 전해드리라고 하셨습니다. 부인과 남편께서는 오늘 아침에 영국을 떠나셨습니다.

• **ask me to tell you that** 너한테 ~을 전해 달라고 나에게 부탁하다

> 그녀는 내가 당신을 가이드할 거라고 당신한테 전해 달라고 했어요.
>
> ___
>
> 힌트 your guide

....

정답
1 I'm going to walk back to the office.
2 I agreed to have lunch with my coworkers.
3 She asked me to tell you that I will be your guide.

DAY
28

QR 코드로
음성을 들어보세요!

Holmes opened the cupboard. There was a photograph but it was only of her alone. There was also a letter for Holmes. It read:

Dear Mr. Sherlock Holmes,

You had a very good plan to get the photograph. After the fire, I started to become suspicious. I had heard that the King had employed you to get the photograph back. Then I thought that ❶it may have been you who started the fight and the fire. ❷I dressed as a man and followed you back to your home on Baker Street just to be certain.

My husband and I quickly decided to leave England. I know that the King is worried about the photograph but please tell him that I will not use it against him. I have married a better man than the King and he is now free to marry the daughter of the King of Scandinavia. ❸I am leaving this other photograph of me instead which he may take.

Mrs. Irene Norton

---

suspicious 의심하는, 의심스러운 **employ** 고용하다 **certain** 확실한, 정확한 **against** ~에 불리하게 **be free to** 자유롭게[맘껏] ~하다 **instead** 그 대신에

❶ It may have been you who started the fight and the fire.

싸움을 일으키고 불을 낸 사람이 당신일지도 모른다.

⟨may+동사원형⟩은 '(현재) ~일지도 모른다'라는 뜻이고, ⟨may have+과거분사⟩는 '(과거에) ~였을지도 모른다'라는 뜻이에요. 이전에 싸움을 일으키고 불을 낸 사람에 대해 추측하는 것이므로 may have been을 사용한 거예요.

+ She may have been angry about that.
그걸로 그녀는 화가 났을지도 모른다.

❷ I... followed you back to your home on Baker Street just to be certain.

확인하기 위해서 저는… 베이커가에 있는 집으로 향하는 당신 뒤를 밟았지요.

certain은 '확실한, 정확한'이라는 뜻으로 여기서 to be certain은 '확인하기 위해서'라는 뜻이에요. to부정사를 '~하기 위해서'라는 의미의 부사적 용법으로 쓴 경우예요.

+ She practiced many years to become an Olympic Champion.
그녀는 올림픽 챔피언이 되기 위해서 여러 해 동안 연습했다.

❸ I am leaving this other photograph of me instead which he may take.

대신 이렇게 저의 다른 사진을 남기니, 왕께서 가지셔도 좋습니다.

may는 '~일지도 모른다'라는 추측의 의미도 있지만, 여기에서는 '~해도 된다'라는 허락의 의미로 썼어요.

+ You may submit your report online.
보고서는 온라인으로 제출해도 됩니다.

Holmes opened the cupboard. There was a photograph but it was only of her alone. There was also a letter for Holmes. It read:

Dear Mr. Sherlock Holmes,

You had a very good plan to get the photograph. After the fire, I started to become suspicious. I had heard that the King had employed you to get the photograph back. Then I thought that it may have been you who started the fight and the fire. I dressed as a man and followed you back to your home on Baker Street just to be certain.

My husband and I quickly decided to leave England. I know that the King is worried about the photograph but please tell him that I will not use it against him. I have married a better man than the King and he is now free to marry the daughter of the King of Scandinavia. I am leaving this other photograph of me instead which he may take.

Mrs. Irene Norton

1 My husband and I quickly <u>decided to</u> leave England.

제 남편과 저는 속히 영국을 떠나기로 했습니다.

• **decide to** ~하기로 결심하다

나는 스페인어를 배우기로 결심했다.

_____

힌트 learn Spanish

2 I know that the King <u>is worried about</u> the photograph.

왕께서 그 사진 때문에 근심하시는 건 압니다.

• **be worried about** ~에 대해 걱정하다

그녀는 항상 식품 안전에 대해 걱정한다.

_____

힌트 always, food safety

3 He <u>is</u> now <u>free to</u> marry the daughter of the King of Scandinavia.

왕께서도 이제 자유롭게 스칸디나비아 왕의 따님과 결혼하셔도 됩니다.

• **be free to** 자유롭게[맘껏] ~하다

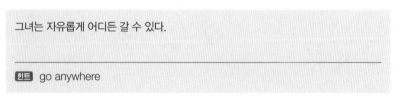

그녀는 자유롭게 어디든 갈 수 있다.

_____

힌트 go anywhere

. . . .

정답   1 I decided to learn Spanish.
     2 She is always worried about food safety.
     3 She is free to go anywhere.

DAY
29

QR 코드로
음성을 들어보세요!

"She is a very clever woman," cried Holmes.

"Yes, ❶I should have married her after all," declared the King.

Holmes looked very serious.

"Your Majesty! Unfortunately I have failed in my attempt to retrieve your photograph. I am very sorry."

"❷Irene has promised in this letter never to use the photograph against me. I trust her promise. I am free to marry the Princess of Scandinavia now. ❸I am very grateful for what you have done," the King told Holmes.

"There is one thing I would like," said Holmes.

"Yes, Mr. Holmes, what can I do for you?"

"I would like the photograph of the only woman who has outsmarted me," he told the King.

"Yes, you may have it!"

So Holmes took the photograph and the King married Clotilde Lothman von Saxe-Meningen.

---

clever 똑똑한, 영리한 **after all** 역시, 결국; 아무튼, 어쨌든 **unfortunately** 불행하게, 운 나쁘게 **fail in** ~에 실패하다 **attempt** 시도, 기도 **retrieve** 되찾다, 회수하다 **grateful** 고마운, 기분 좋은

❶ **I should have married her after all.**

역시 난 그녀와 결혼했어야 했소.

〈should have+과거분사〉는 '~했어야 했다'라는 의미로 과거에 했어야 했는데 못하거나 안 한 것에 대한 후회나 안타까움을 나타내요.

➕ I should have trusted David.

나는 데이비드를 믿었어야 했다.

❷ **Irene has promised in this letter never to use the photograph against me.**

아이린이 편지에서 그 사진을 절대 나에게 누가 되게 이용하진 않을 거라고 약속했소.

promise to는 '~하기로 약속하다', '꼭 ~하겠다'라는 의미이고, promise never to 는 '절대 ~하지 않기로 약속하다'라는 뜻이에요.

➕ I promise never to see him again.

절대 다시는 그를 만나지 않겠다고 약속해.

❸ **I am very grateful for what you have done.**

당신이 해 준 일에 깊이 감사하오.

be grateful for는 '~에 대해 고마워하다'라는 뜻이에요. what you have done 은 현재완료인 have done을 써서 '(과거부터 지금까지) 당신이 해 준 일'을 나타내고 있어요.

➕ I am grateful for your support.

당신의 응원에 감사드려요.

"She is a very clever woman," cried Holmes.

"Yes, I should have married her after all," declared the King.

Holmes looked very serious.

"Your Majesty! Unfortunately I have failed in my attempt to retrieve your photograph. I am very sorry."

"Irene has promised in this letter never to use the photograph against me. I trust her promise. I am free to marry the Princess of Scandinavia now. I am very grateful for what you have done," the King told Holmes.

"There is one thing I would like," said Holmes.

"Yes, Mr. Holmes, what can I do for you?"

"I would like the photograph of the only woman who has outsmarted me," he told the King.

"Yes, you may have it!"

So Holmes took the photograph and the King married Clotilde Lothman von Saxe-Meningen.

1 I should have married her after all.

역시 난 그녀와 결혼했어야 했소.

• should have + 과거분사 ~했어야 했다

난 날씨를 확인했어야 했다.

_____

힌트 checked the weather

2 Holmes looked very serious.

홈즈는 매우 심각해 보였다.

• look + 형용사 ~해 보이다

그녀는 매우 어려 보인다.

_____

힌트 so young

3 I would like the photograph.

저는 그 사진을 갖고 싶습니다.

• I would like 난 ~을 가지고[먹고] 싶다

나는 그 소파를 가지고 싶어.

_____

힌트 the sofa

- -

정답　1　I should have checked the weather.
　　　2　She looks so young.
　　　3　I would like the sofa.

translation

얼룩 끈의 비밀

CHAPTER ONE
헬렌 스토너

1883년 4월 어느 날 아침, 나는 매우 일찍 잠에서 깼다. 셜록 홈즈와 나는 함께 살고 있었다. 시계를 보니 겨우 일곱 시였다. 홈즈는 보통 늦잠을 즐기는 편이었는데, 이미 옷을 입고 내 주변을 맴돌고 있었다. 나는 놀라서 그를 올려다보았다.

"무슨 일인가, 홈즈?" 나는 물었다. "불이라도 났나?"

"아니, 어떤 여자분이 찾아왔어. 사건인 것 같네. 자네도 처음부터 다 듣고 싶겠지, 왓슨." 그가 말했다.

나는 재빨리 옷을 입고 홈즈와 함께 아래층으로 내려갔다. 거실에 숙녀 한 분이 보였다. 우리가 거실에 들어서자 그녀는 벌떡 일어섰다. 그녀는 검은 옷을 입고 있었고 표정은 매우 심각했다.

"안녕하세요! 저는 셜록 홈즈이고 이 사람은 왓슨 박사입니다. 제 절친한 친구이자 동료이지요." 홈즈가 말했다. "우리는 빠짐없이 전부 듣고 싶습니다."

우리는 모두 자리에 앉았다.

"저는 헬렌 스토너라고 합니다. 새아버지인 그라임즈비 로일롯 박사와 함께 살고 있지요." 그녀는 설명했다. "로일롯 가문은 스토크 모란에서 몇백 년 동안 살아 왔지만, 지금은 저희 새아버지가 로일롯 가문의 살아 있는 마지막 후손이에요. 한때는 매우 부유한 집안이었지요."

홈즈는 고개를 끄덕였다. "저도 아는 이름이군요." 그가 말했다.

스토너 양은 계속 말을 이었다. "그렇지만, 대대로 형편없는 남자들이 나오는 바람에, 가문의 재산을 모두 날려 버렸죠. 남은 거라곤 작은 땅과 이백 년 된 집이 전부예요. 새아버지는 자기가 살아갈 돈이 없다는 걸 알았죠. 그래서 공부를 해 의사가 되었고 그런 다음 인도로 가셨죠. 우리 어머니가 거기서 로일롯 박사를 만난 것은 친아버지가 돌아가신 지 겨우 1년이 되었을 무렵이었어요. 제 쌍둥이 언니인 줄리아와 저는 그때 겨우 두 살이었고요."

"아마도 어머님이 돈을 좀 가지고 계셨겠지요?" 셜록 홈즈가 물었다.

"아, 네. 1년에 천 파운드 정도 수입이 있었죠. 어머니는 결혼할 때 유언장을 고치셨어요. 재산을 모두 새아버지에게 남기셨죠. 하지만 새아버지가 줄리아 언니와 저를 돌봐야 한다고 유언장에 밝히셨어요."

"결국 우리는 영국으로 돌아왔는데 어머니가 얼마 안 되어 돌아가셨어요. 우리는 모두 스토크 모란으로 가서 살게 되었죠. 우리에게 돈은 충분히 있었지만 어머니가 돌아가시자 로일롯은 변했어요. 어머니는 8년 전 철도 사고로 돌아가셨죠. 로일롯은 퉁명스러워서 우리 동네의 누구하고든 싸워요. 힘이 세고 미친 사람 같아서 모두 그를 두려워하죠. 그가 얘기를 나누는 사람은 자기 영지에 사는 몇몇 집시들뿐이에요. 야생 동물도 몇 마리 키워요. 치타와 비비가 있는데, 그가 인도에서 돌아올 때 데려온 거예요. 그것들은 집 주변을 마음대로 뛰어다니죠."

제 얘기를 통해 저희 자매가 힘들게 지냈다는 걸 짐작하실 수 있을 거예요. 모두 새아버지를 두려워해서 아무도 우리를 위해 일해 주려 하지 않아요. 우리가 모든 일을 다 해야 하죠. 슬프게도 줄리아 언니는 이미 죽었어요. 언니는 죽을 때 겨우 서른이었는데, 머리가 이미 반백이 되어 가고 있었어요. 제 머리도 세고 있고요."

"그러니까 언니 분이 죽었군요?"

"언니는 2년 전에 죽었어요. 그래서 제가 당신을 만나러 여기 온 거예요. 우리는 스토크 모란을 벗어나는 일이 거의 없었지만 가끔은 이모를 찾아뵈었어요. 그렇게 방문하던 어느 날 언니가 한 남자를 만났어요. 언니는 사랑에 빠졌고 둘은 결혼할 계획을 세웠지요. 새아버지는 그 결혼을 반대한다는 말은 한 번도 안 했지만 열흘쯤 후에 줄리아 언니가 죽은 거예요."

홈즈는 그녀가 이야기하는 동안 조용히 눈을 감은 채 의자에 등을 기대고 있었다. 이제 그는 재빨리 똑바로 앉으며 말했다. "우리에게 아주 자세한 얘기까지 다 해 주세요."

"모든 걸 다 말씀드릴 수 있어요. 바로 어젯밤에 있었던 일처럼 머릿속에 생생해요. 말씀드렸다시피 저희 집 건물은 매우 오래되었고, 우리는 그 건물의 한 동에서만 살고 있어요. 로일롯 박사의 침실이 첫 번째 방이고, 줄리아 언니의 침실이 두 번째이고, 제 방이 세 번째예요. 그 방들을 연결하는 문은 없고, 문들은 같은 긴 복도로만 열리죠.

그날 밤 로일롯 박사는 일찍 침실에 들더군요. 줄리아 언니가 그의 시가 냄새를 맡았기 때문에 우리는 그가 잠들지 않았다는 걸 알았어요. 그는 자기 방에서 시가를 피우곤 했어요."

"줄리아 언니는 늘 그 냄새를 너무 싫어했어요. 그래서 제 방으로 왔지요. 우리는 한동안 얘기를 나눴어요. 주로 언니의 결혼식에 대한 것이었죠. 밤 11시쯤, 언니는 자기 방에 돌아가려고 일어섰어요. 방을 막 나서면서 '이른 새벽에 무슨 휘파람 소리가 들릴 때가 있니?' 하고 묻더군요. 저는 아무 소리도 들은 적 없다고 했지요. 그러자 언니는 제가 자면서 휘파람을 부냐고 물었어요. '아니, 그럴 리가 없는데. 왜 그런 걸 묻는 거야?' 하니까, 새벽 세 시쯤 되면 밤의 정적 속에서 어김없이 휘파람 소리가 들린다는 거예요."

"언니는 잠을 깊이 못 자서 작은 소리에도 깼거든요. 언니는 그 소리가 어디서 나는 건지 알아내려고 했대요. 그 소리가 옆방에서 나는 건지 밖에서 들려오는 건지 몰랐어요. 저는 그게 아마 집쥐들이 내는 소리일 거라고 말했어요. 언니는 그럴 거라고 하고는 자기 방으로 돌아갔어요. 저는 언니가 방으로 들어가서 문을 잠그는 소리를 들었어요."

"밤에는 언제나 방문을 잠갔습니까?" 홈즈가 물었다.

"네, 매일 밤이요. 치타나 비비 때문에 걱정됐으니까요." 그녀가 대답했다.

"네, 물론 그러셨겠지요. 이야기 계속하시죠."

"그날 밤, 저는 밤새도록 뒤척였어요. 한잠도 못 잤지요. 우리는 쌍둥이잖아요. 쌍둥이는 서로에 대한 일을 감지할 수 있다고들 하잖아요. 저는 불행한 일이 닥칠 것 같은 끔찍한 기분이 들었어요. 바람이 몹시 부는 밤이었고, 비가 창문을 때렸어요. 그때 소름 끼치는 비명이 들렸어요. 언니의 목소리라는 것을 알았어요."

"저는 침대에서 벌떡 일어났어요. 언니의 방으로 달려가면서, 저는 휘파람 소리를 들었고, 다음엔 금속 덩어리가 떨어지는 것처럼 철커덩하는 소리를 들었어요. 언니가 천천히 문을 열었어요.

복도 램프의 불빛에 비친 언니의 얼굴은 공포로 하얗게 질려 있었죠. 급히 언니를 감싸 안았지만, 언니는 그 순간 바닥에 쓰러졌어요. 언니의 마지막 말은 '끈이었어! 얼룩무늬 끈!'이었죠. 언니는 곧바로 죽었어요."

"휘파람 소리와 철커덩하는 소리를 들은 게 정말 확실합니까?" 홈즈가 헬렌에게 물었다.

"오, 그럼요! 그건 절대 잊지 못할 거예요."

"언니는 잠옷을 입고 있던가요?"

"네, 그리고 언니 손에서 성냥갑을 발견했어요."

"경찰은 이 사건에 대해 뭐라고 하던가요?"

"경찰은 사건을 철저히 수사했지만 언니의 사인을 밝히지 못했어요. 창문은 빗장을 질러 닫혀 있었고, 벽이나 바닥도 두꺼운 데다 방문은 잠겨 있었어요. 아무도 그 방에 들어갈 수 없었을 거예요." 스토너 양이 말했다.

열중하여 이야기를 듣던 홈즈는 얼굴에 몹시 심각한 표정을 지었다.

"이거 느낌이 안 좋군요. 이야기를 마저 다 해 보세요, 스토너 양." 그가 그녀에게 말했다.

"음, 언니가 죽은 지 2년이 흘렀어요. 저는 그 어느 때보다도 외로웠고 언니가 몹시 그리워요. 그런데 저는 최근에 한 남자를 만났고, 그 사람은 제게 청혼을 했어요. 그의 이름은 퍼시 아미티지예요. 우리는 봄에 결혼하고 싶어요. 새아버지는 제 결혼에 대해 아무 말씀도 하지 않으셨어요."

"그런데 이틀 전에 그는 제 방을 수리하기 위해 저에게 줄리아 언니의 방으로 옮기라고 했어요. 어젯밤, 줄리아 언니의 방에 있는 동안 저는 낮은 휘파람 소리를 들었어요. 언니가 얘기했던 것과 똑같은 소리였어요. 언니가 죽었던 날 밤 말이에요! 너무나 겁이 나서 바로 촛불을 켰어요. 아무것도 안 보였어요.

말할 필요도 없이, 저는 잠을 잘 수가 없었어요. 날이 밝자마자 서둘러 옷을 입고 여기로 온 거예요."

홈즈는 의자에 앉아 생각에 잠겨 있었다. 잠시 후 그가 말했다. "이거 정말 심각하군요. 오늘 오후에 우리가 스토크 모란으로 가지요. 어떻게 하면 우리가 박사 모르게 집 안으로 들어갈 수 있을까요?"

"오늘은 하루 종일 나가 계실 거예요." 그녀는 그들에게 알려 주었다.

"좋아요, 오늘 오후에 도착하지요. 돌아가서 우리를 기다리는 게 좋겠습니다."

스토너 양은 즉시 우리를 떠났다.

CHAPTER TWO
긴급한 사건

"이 얘기를 다 어떻게 생각하나, 왓슨?" 홈즈가 물었다.

"내가 보기엔 최고로 흉악한 사건인 것 같네." 나는 말했다.

"대단히 흉악하지. 아주 긴급한 사건일세, 왓슨. 가장 중요한 단서는 줄리아의 마지막 말인 '얼룩무늬 끈'이야."

"휘파람을 불고 철커덩 소리를 낸 건 집시들이었을 수도 있어. 하지만 난 그렇게 생각하지 않네. 아침을 먹고, 내가 시내에 나가서 뭐 좀 알아보고 난 다음 출발하세."

홈즈는 한 시쯤 돌아왔다. 그는 파란 종이 한 장을 가지고 있었다. 그것은 헬렌과 줄리아의 어머니가 남긴 유언장이었다.

"스토너 부인은 1만 파운드를 남겼지. 하지만 딸들이 결혼하면 각자 2,500파운드씩 받게 되어 있어. 만일 딸들이 결혼을 안 하거나 둘 다 먼저 죽으면, 그 의사 선생이 돈을 모두 가지게 되는 거지. 이게 바로 범행 동기야. 가세, 왓슨. 자네 총을 가져오게나."

홈즈와 나는 기차를 타러 나갔다. 우리는 스토크 모란으로 가기 위해 말과 마차를 빌려야 했다.

우리가 도착하자마자 헬렌이 나왔다.

그녀는 애가 타서 말했다. "선생님들을 기다리고 있었어요."

"걱정하지 말아요, 스토너 양. 우리가 이 일의 진상을 밝힐 테니." 홈즈가 그녀를 안심시켰다. "당신의 침실을 보여 주세요."

헬렌은 우리에게 침실들이 있는 곳을 보여 주었다. 그런 다음 홈즈는 집 밖을 따라 걸었다. 그는 창문을 살폈다.

"먼저, 당신 침실로 들어가서 문을 잠가 봐요." 홈즈가 헬렌에게 말했다.

그녀가 방문을 잠근 후, 홈즈가 문을 열어 보려 했지만 열리지 않았다. 그는 또한 창문을 통해 들어가 보려고 했지만 역시 실패했다.

그런 다음 우리는 줄리아의 방으로 들어갔다. 천장이 낮은 작은 방이었다. 홈즈는 의자에 앉아 주변을 둘러보았다. 그는 잠시 말이 없었다.

그러다 그가 말했다. "종을 울리는 줄이 있군요!" 긴 줄이 천장에 매달려 있었다.

"이 종은 어디서 울리죠?" 그가 그녀에게 물었다.

"아래층이요. 원래는 하인들을 부를 때 쓰는 건데, 우리는 하인이 하나도 없으니 전혀 사용하지 않아요."

"이 줄은 다른 물건들보다 새것 같군요." 홈즈가 말했다.

"네, 새아버지가 겨우 2~3년 전에 달아 놓았으니까요." 헬렌이 대답했다.

홈즈는 가서 줄을 당겼다.

"안 되는군. 이것 봐! 줄이 저 환풍구에 매달려 있어. 왜 환풍구가 저기 있지? 환풍구는 밖으로 나 있어야 하는데 이건 옆방으로 이어지잖아. 좀 더 자세히 보자고."

우리는 모두 박사의 방으로 들어갔다. 이상한 방이었다. 물건은 단 세 가지뿐이었다. 침대, 나무 의자, 그리고 철제 금고.

"금고 안에는 뭐가 있지요?" 홈즈가 여자에게 물었다.

"새아버지의 서류들이요."

"새아버지가 고양이를 키우시나요?"

홈즈는 바닥에 놓인, 우유가 담긴 접시를 가리키고 있었다.

"치타와 비비뿐이에요. 저 우유는 치타가 먹기에는 충분하지 않겠네요."

홈즈는 좀 더 둘러보았다. 그는 개를 묶는 작은 끈을 집어 들었다. 끈의 끝부분에는 작은 고리가 있었다.

갑자기 홈즈의 표정이 훨씬 더 심각해졌다. 그는 몹시 걱정스러워 보였다. 우리는 밖으로 나갔고, 홈즈는 꽤 오랫동안 여기저기 걸어 다녔다.

"이건 매우 심각한 상황입니다. 내가 말하는 걸 모두 해야 해요. 굉장히 중요해요."

스토너 양은 고개를 끄덕였다.

"우리는 오늘 밤 저쪽에 있는 여인숙에 머물 거예요." 홈즈가 길 건너편에 있는 여인숙을 가리키며 말했다.

"오늘 밤, 당신은 어젯밤에 그랬던 것처럼 언니 방에 있어야 해요. 새아버지가 잠자리에 들면, 당신은 촛불을 켰다가 얼마 후에 끄도록 하세요. 그게 우리한테는 신호가 될 겁니다. 그 다음에는 당신 방으로 가서 우리를 기다려요. 우리는 집으로 들어가서 줄리아의 방에 있을 겁니다."

"우리 언니가 어떻게 죽은 건지 아시는군요, 그렇죠? 제발 말씀해 주세요." 스토너 양이 간청했다.

"아직은 완전히 확실하지 않아요. 오늘 밤까지 기다려야 합니다. 의사 선생이 우리를 보면 안 되니까 우리는 가야 해요."

우리는 그 집을 나와 여인숙으로 가서 기다렸다. 우리는 스토크 모란을 볼 수 있는 방을 얻었다. 저녁 7시쯤에 로일롯 박사가 집에 도착했다. 그가 대문을 여는 소년에게 호통치는 소리를 들을 수 있었다.

9시경, 불이 모두 꺼졌다. 두 시간 정도 더 기다리자 창가에 불빛이 반짝거리는 것이 보였다.

"저건 우리 신호야. 가지." 홈즈가 말했다.

우리는 재빨리 그 오래된 집으로 향했다. 차가운 바람이 얼굴을 때렸다. 우리는 헬렌이 열어 둔 줄리아 방의 창문을 타고 안으로 들어갔다. 박사를 깨우지 않도록 아주 조용히 움직여야 했다. 감히 랜턴을 지닐 수도 없었다. 로일롯이 환풍구로 불빛을 볼 수도 있었다.

"우리 둘 다 절대 잠들면 안 되네." 홈즈가 속삭였다. "그랬다간 우리는 목숨을 잃을 수도 있어."

나는 마음을 진정하는 데 도움이 되기 위해 총에 손을 얹었다. 그 무서운 밤을 어떻게 잊을 수 있겠는가? 기다림은 고통스러웠다. 내 인생에서 가장 기나긴 밤이었다. 한 시간이 지났다. 그리고 두 시간. 또 세 시간.

3시 정각, 우리는 환풍구를 통해 희미한 불빛을 볼 수 있었다.

그 후 쉿 하는 소리가 들렸다. 홈즈는 겁에 질린 채 성냥불을 켜고 벽 쪽으로 뛰어갔다. 그는 뭔가를 세게 치기 시작했다.

"저거 봤나, 왓슨? 그거 봤어?" 그는 내게 물었다.

하지만 나는 아무것도 보이지 않았다. 홈즈가 성냥불을 켤 때, 나는 낮은 휘파람 소리를 들었다. 그러나 홈즈가 쳤던 것은 보이지 않았다. 하지만 홈즈의 얼굴이 몹시 창백하고 공포에 휩싸여 있는 것은 볼 수 있었다.

우리는 꼼짝 않고 서 있었는데, 잠시 후 끔찍한 비명이 들렸다. 그 소리에 나는 등골이 오싹해졌다. 마을 아래 사람들까지 그 비명 소리가 들렸다고 한다. 나는 그 일을 생각하면 아직도 악몽을 꾼다.

"저 비명은 뭐였지?" 내가 물었다.

"이제 이 사건이 모두 끝났다는 뜻이네." 홈즈가 내게 알려 주었다.

"나와 함께 의사 선생의 방으로 가세. 그리고 총을 챙기게."

내 눈앞에 기괴한 광경이 펼쳐졌다. 우리는 금고가 이제는 열려 있는 것을 알아챘다. 박사는 우리가 그날 앞서 보았던 나무 의자에 앉아 있었다. 작은 개 끈이 그의 무릎 위에 있었다.

그는 죽어 있었고 그의 눈은 천장 쪽을 보고 있었다. 우리는 갈색 점이 있는 노란색 생물체가 그의 머리를 감싸고 있는 것을 볼 수 있었다.

"저게 바로 얼룩무늬 끈이야." 홈즈가 단언했다. 그 끈이 움직이기 시작했다. 그것이 머리를 쳐들었다. 그것은 뱀이었다!

"인도 늪지에 사는 살모사야. 인도에서 가장 위험한 뱀이지." 홈즈가 말했다. "저걸 다시 우리에 넣자고."

홈즈는 끈을 집어 들었다. 그는 뱀의 머리를 끈으로 둘렀다. 그는 뱀을 금고로 옮기고 문을 닫았다.

다음 날, 경찰은 로일롯 박사가 위험한 동물을 가지고 놀다가 사망했다고 밝혔다.

"종을 당기는 줄이 환풍구에 연결되어 있는 것을 보고 뭔가 이상하다는 것을 알았지. 로일롯 박사는 이국적인 동물을 좋아했어. 그래서 난 그가 뱀도 가지고 있을지도 모른다고 생각했네. 그는 뱀이 환풍구를 타고 기어가서 줄을 타고 내려가도록 훈련시켰지. 그가 휘파람을 불 때마다 뱀은 돌아왔어. 접시에 담긴 우유도 뱀을 위한 거였고.

의사 선생은 그 뱀으로 줄리아를 살해하는 데 성공했어. 그래서 난 그가 똑같은 수법을 헬렌에게도 쓰려고 했다고 생각하네. 쉬익 하는 소리를 듣자마자 나는 그걸 쳤어. 그 뱀을 왔던 곳으로 되돌아가게 한 거라네." 홈즈는 설명했다.

"그래, 그걸 때려서 놈이 약이 오르게 했군. 놈은 되돌아가서 박사를 물어 버렸고." 나는 말했다.

"사실은, 내가 그 의사 선생을 죽게 만든 장본인 같아. 죽은 사람이 나나 자네, 헬렌이 아니라 그 자여서 다행이네."

보헤미아 스캔들

CHAPTER ONE
사진

셜록 홈즈의 독특한 한 가지 특징은 여자를 좋아해 본 적이 없다는 것이다. 아마 그에게 강렬한 인상을 남긴 여자는 한 명 있었을 것이다. 그녀의 이름은 아이린 애들러였다. 비록 그는 그녀를 사랑하지는 않았지만 절대 잊지 않았다. 그러나 나는 그녀에 대한 묘사로 이 이야기를 시작하지는 않을 것이다. 먼저 다른 중요한 세부 사항부터 논하려고 한다. 나는 결혼 생활 때문에 한동안 홈즈를 만나지 못해서 그를 방문하기로 마음먹었다. 홈즈는 나를 아주 따뜻하게 환영해 주었다.

"왓슨! 정말 오랜만일세! 들어와! 들어오게! 자네가 오늘 밤에 들르다니 정말 운이 좋군. 이걸 한번 보게! 바로 오늘 온 것인데 이름도, 날짜나 주소도 없다네."

그것은 짧은 편지로, 이렇게 쓰여 있었다.

> 한 사람이 오늘 저녁 7시 45분에 당신을 찾아갈 것입니다. 그 목적은 비밀로 유지해야 합니다. 당신이 많은 사람을 도왔고, 그중에는 주요 인사들도 있었기에, 당신이 저 또한 도와주실 수 있기를 바라고 있습니다.

"자, 왓슨! 이 종이에 대해 어떻게 생각하나?" 그가 내게 물었다. 나는 홈즈처럼 생각하려고 애썼다. "종이가 아주 고급이군. 내 생각에 이 사람은 꽤 부자인 것 같네. 생소한 종이군."

"그래. 자세히 살펴보니, 이건 영국산이 아니야. 아마 독일인이 편지를 쓴 것 같아. 종이는 보헤미아에서 만들어졌어. 지금 밖에서 말 소리가 나는군. 아마도 우리의 신비에 싸인 방문객인 모양이야." 그는 말했다.

"내가 자리를 피해 주는 게 좋겠나, 홈즈?"

"아냐, 그냥 있게. 그 사람이 원하는 게 무엇이든, 그에 관한 자네의 의견을 듣고 싶으니까." 그가 내게 말했다.

그때 문을 노크하는 소리가 들렸다.

"들어오세요!" 홈즈가 말했다.

비밀스러워 보이는 한 남자가 들어섰다. 그는 멋있게 차려입었고, 얼굴에는 가면을 쓰고 있었다.

"나는 보헤미아의 크람 백작이오. 매우 중요한 일로 왔소." 그 남자가 말했다. "비밀로 하겠다고 약속해 주셔야 하오."

"물론 우리는 당신의 비밀을 지킬 겁니다." 홈즈와 나는 약속했다.

"나는 왕실의 전갈을 가지고 왔소. 그분들의 신원을 비밀에 부쳐야 해서 내가 가면을 쓰고 있는 거요.

만일 당신이 돕지 못하면, 유럽에서 가장 중요한 가문 중하나가 큰 곤경에 처하게 될 것이오. 그러면 대단히 큰 스캔들을 일으키겠지요. 이는 보헤미아의 왕인 옴슈타인 가문이오."

홈즈는 듣고 나서 대답했다. "알겠습니다, 폐하."

이 말에 충격을 받은 그 남자는 갑자기 벌떡 일어나서 얼굴의 가면을 벗었다.

"하지만 그대는 어떻게 내가 왕이라는 걸 알았단 말이오?" 그는 가면을 바닥에 던져 버렸다. "내가 그걸 숨겨야 할 이유가 뭐지? 나는 왕이오. 보헤미아 왕인 빌헬름 폰 옴슈타인이오. 나는 다른 사람을 믿고 내 얘기를 털어놓을 수가 없어 직접 당신의 도움을 청하러 온 것이오."

"계속 말씀하시지요." 홈즈가 말했다.

"내가 5년 전에 만났던 아이린 애들러라는 여자가 있소. 우리는…"

"아이린 애들러!" 홈즈가 끼어들었다. "1850년에 태어난 가수로, 런던에 사는 매우 아름다운 여인이지요. 그녀를 사랑하셨군요. 그렇지요? 그녀에게 연애편지도 쓰셨지만 그 후 그녀를 떠나셨지요. 그래서 지금 그 편지가 필요하신 거군요."

"그렇소, 맞소. 하지만 그 여자는 우리 두 사람이 찍은 사진도 가지고 있소. 그녀에게 그걸 주다니 실수였소. 나는 그때 어리석고 바보 같은 젊은이였으니." 왕이 말했다.

"그 사진을 되찾으려고 노력하신 적은 있습니까?" 홈즈가 물었다.

"그렇소. 네다섯 번 정도."

홈즈는 웃기 시작했다. "그녀는 그 사진으로 뭘 하려는 거죠?"

"나는 스칸디나비아 왕의 딸인 클로틸드 로스만 폰 작센마이닝겐과 결혼을 약속한 상태요. 만일 내가 아이린 애들러와 관계가 있다는 걸 그녀가 알게 되면, 절대 나와 결혼하지 않을 거요. 우리는 결혼해야 하오. 우리는 유럽에서 가장 중요한 두 가문이오. 하지만 아이린은… 아름답지만, 내가 그녀를 떠날 때 몹시 화를 냈소. 그녀는 내가 다른 여자와 결혼하는 걸 원치 않기 때문에 내 결혼을 막기 위해 그쪽 가문에 그 사진을 보낼 거요."

"심려 마십시오! 저희가 그 사진을 찾겠습니다. 상황은 보고 드리지요." 홈즈가 장담했다.

왕은 탁자 위에 가방을 하나 올려놓았다. "여기 천 파운드가 있소. 나는 그 사진이 있어야만 하오. 이건 그녀의 주소요. 런던 세인트 존스 우드 서펜틴가 비오니 별장."

"안녕히 가십시오, 폐하."

왕이 집을 나가자 홈즈가 내게 말했다. "내일 오후 3시에 다시 오게."

CHAPTER TWO
홈즈보다 한 수 위

나는 홈즈의 집에 도착했다. 그는 3시에 집에 없었는데 4시가 되자 아주 이상한 하인 한 명이 방으로 들어왔다. 그는 늙고 지저분했는데, 다음 순간 나는 그가 홈즈임을 깨달았다.

"뭘 하는 건가?" 내가 물었다.

그는 웃으며 말했다. "오, 왓슨. 오늘은 아주 재미있는 하루였네. 하인들은 언제나 말하기를 좋아하지. 난 아이린의 집 밖에서 아주 많은 것들을 알아냈네. 가장 흥미로운 건 그녀의 변호사 친구인 고드프리 노튼이야. 내가 거기 있는 동안 마침 그가 도착하더군. 그들을 주시했는데, 그때 그가 서둘러 나서더니 택시를 탔네. 곧이어 그녀가 나와서는 다른 택시를 타고 따라가더군.

그들을 따라가야 했기 때문에 나는 세 번째 택시를 탔지. 그들은 세인트 모니카 교회로 갔어. 내가 그 교회로 들어가니 노튼이 큰 소리로 나를 부르더군. '얼른 이리 와 보게.'"

"그래서 자넨 뭘 했는데?" 나는 물었다.

"그들의 결혼을 도왔지." 그는 대답했다.

"그 여자가 그와 결혼을 했군! 다음 실행 계획은 뭔가?" 나는 다시 물었다.

"음, 왓슨, 오늘 밤에 말이야, 아무것도 묻지 말고 나 좀 도와주겠나?"

"홈즈, 물론 자넬 돕겠네!"

"우리는 저녁 7시에 비오니 별장의 그녀 집으로 갈 걸세. 그녀가 나를 집 안으로 들일 거야. 자네는 거실 밖 창가에서 기다리고 있게. 기다리는 동안 이 연막탄을 가지고 있어. 내 손이 보이거든 창문으로 그걸 던져. 거실 안으로 그걸 던진 후에는 '불이야!' 하고 외치게. 불은 나지 않을 거야. 단지 그 방이 연기로 가득 차게 될 거야. 그러고 난 다음에, 길모퉁이에서 나를 기다리게."

"좋아! 전부 다 할 수 있네!" 내가 말했다.

홈즈와 나는 그날 밤을 위해 준비했다. 홈즈는 완전히 다른 사람처럼 보이도록 전부 변장했다. 그 집으로 간 우리는 많은 사람들이 밖에서 잡담을 나누며 담배를 피우고 있는 것을 보았다.

DAY 25   p.158

"사진은 분명히 그녀 집에 있을 거야. 그녀가 그걸 은행 같은 곳에다 보관하지는 않을 거라고 생각하네. 왕의 신하들은 어디를 찾아야 할지 몰랐을 걸세." 홈즈가 내게 말했다.

"그래서 자넨 그걸 어떻게 찾을 건가?" 내가 물었다.

"그녀가 내게 보여 주기를 기다릴 걸세."

우리가 얘기를 나누는 동안, 택시 한 대가 도착했다. 아이린 노튼이 내렸다. 바로 그때, 그녀의 집 앞에 서 있던 남자들 사이에 싸움이 벌어졌다. 아이린은 그 싸움의 한복판에 있다가 밀쳐지고 있었다. 홈즈가 그녀를 돕기 위해 달려갔다. 그는 그녀를 돕다가 맞았다. 그는 땅에 쓰러졌고, 얼굴에는 피가 묻어 있었다.

그때쯤 아이린은 서둘러 자리를 피해 있었다. 그녀는 뒤돌아보고 홈즈가 땅에 쓰러져 있는 것을 보았다.

"저 사람은 다쳤나요?" 그녀가 물었다.

"죽은 것 같은데요." 한 사람이 말했다.

"안 죽었어요. 그냥 다쳤을 뿐이에요." 또 다른 사람이 말했다.

"그를 우리 집에 데려오세요." 아이린이 말했다.

DAY 26   p.164

나는 이 모든 일이 일어나는 것을 보고 있다가 거실 창문 바깥쪽으로 가서 기다렸다. 나는 안에서 무슨 일이 일어나는지 살펴보았다. 홈즈가 손을 들자 나는 연막탄을 안으로 던졌다. 나는 "불이야." 하고 소리쳤고, 방은 순식간에 연기로 가득 찼다.

나는 길모퉁이로 가서 홈즈를 기다렸고, 홈즈는 10분쯤 후에 나타났다.

"사진은 손에 넣었나?" 내가 물었다.

"아니, 하지만 그녀가 내게 보여 주더군." 그가 내게 말했다.

"그걸 어떻게 해낸 건가?" 나는 물었다.

홈즈는 그냥 웃으며 말했다. "그 사람들에게 길에서 싸움을 벌리라고 돈을 주었지. 그 일로 나는 아이린의 집 안에 들어가게 됐고. 그 후 자네가 거실 안으로 연막탄을 던졌어. 불이 나면, 사람들은 항상 자신이 지닌 가장 소중한 물건을 가지러 달려가지. 나는 그녀가 그 사진을 가지러 뛰어갈 때 봤어. 그건 찬장 안에 있네. 우리는 내일 왕과 함께 그걸 가지러 갈 거야."

DAY 27   p.170

홈즈는 우리가 베이커가에 있는 그의 집으로 걸어서 돌아오는 동안 얘기했다. 우리가 그의 집 현관으로 걸어가고 있을 때 한 젊은이가 우리 곁을 급히 지나가며 말했다. "안녕하세요, 셜록 홈즈 씨."

홈즈에게는 매우 귀에 익은 목소리였다.

"저게 누구 목소리지? 목소리와 얼굴이 연결되지 않는걸." 홈즈가 내게 말했다.

우리는 서로 잘 자라는 인사를 하고 다음 날 만나기로 했다. 아침에 우리는 왕과 함께 비오니 별장으로 갔다. 하인 한 명이 현관에서 우리를 맞이하면서 물었다. "셜록 홈즈 씨 되십니까?"

홈즈는 깜짝 놀랐지만 "그렇소."라고 말했다.

"노튼 부인께서 선생님께 전해 드리라고 하셨습니다. 부인과 남편께서는 오늘 아침에 영국을 떠나셨습니다. 두 분은 다시 돌아올 계획이 없으십니다."

이 새로운 소식으로 우리는 모두 큰 충격에 빠졌다.

"사진! 도대체 어떻게 해야 한단 말인가!" 왕이 부르짖었다. 우리는 모두 하인을 제치고 거실로 급히 들어갔다.

DAY 28   p.176

홈즈가 찬장을 열었다. 거기에는 사진이 있었지만, 그것은 그녀 혼자서 찍은 것이었다. 홈즈에게 쓴 편지도 있었다. 이렇게 쓰여 있었다.

친애하는 셜록 홈즈 씨,

사진을 입수하기 위해 매우 훌륭한 계책을 세우셨더군
요. 불이 난 후, 의심스럽다는 생각이 들기 시작했습니
다. 저는 왕이 사진을 되찾기 위해 당신을 고용했다는
소식을 들은 적이 있지요. 그러다가 싸움을 일으키고 불
을 낸 사람이 당신일지도 모른다는 생각이 들었습니다.
확인하기 위해서 저는 남자처럼 차려입고 베이커가에
있는 집으로 향하는 당신 뒤를 밟았지요.
제 남편과 저는 속히 영국을 떠나기로 했습니다. 왕께서
그 사진 때문에 근심하시는 건 알지만, 제가 그 사진을
폐하께 누가 되도록 이용하지는 않을 거라고 전해 드리
세요. 저는 왕보다 더 좋은 사람과 결혼했으니, 왕께서
도 이제 자유롭게 스칸디나비아 왕의 따님과 결혼하셔
도 됩니다. 대신 이렇게 저의 다른 사진을 남기니, 왕께
서 가지셔도 좋습니다.

아이린 노튼

"정말 머리가 좋은 여자로군요." 홈즈가 외쳤다.
"그렇소. 역시 난 그녀와 결혼했어야 했소." 왕이 단언했다.
홈즈는 매우 심각해 보였다.
"폐하! 유감스럽게도 폐하의 사진을 되찾으려던 제 시도는
실패하고 말았습니다. 정말 죄송합니다."
"아이린이 이 편지에서 그 사진을 절대 나에게 누가 되게 이
용하진 않을 거라고 약속했소. 나는 그녀의 약속을 믿소. 이
제 난 편히 스칸디나비아의 공주와 결혼해도 되오. 당신이
해 준 일에 깊이 감사하오." 왕이 홈즈에게 말했다.
"한 가지 청이 있습니다만." 홈즈가 말했다.
"그래요. 홈즈 씨. 무엇을 원하오?"
"저보다 한 수 위였던 유일한 여성의 사진을 가지고 싶습니
다." 그가 왕에게 말했다.
"그러시오. 가져도 좋소!"
그리하여 홈즈는 그 사진을 갖게 되었고, 왕은 클로틸드 로
스만 폰 작센마이닝겐과 결혼했다.